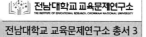

전남대학교 교육문제연구소
THE INSTITUTE OF EDUCATIONAL RESEARCH, CHONNAM NATIONAL UNIVERSITY

전남대학교 교육문제연구소 총서 3

METAVERSE AND EDUCATION IN THE DIGITAL AGE

디지털 시대의
메타버스와 교육

류지헌 · 김민정 · 이은철 · 임태형
차성현 · 이지혜 · 오종현 · 김수연

박영story

머리말

메타버스에 대한 관심이 높아지면서 교육적인 활용방안에 대한 논의도 활발해지고 있다. 이런 배경에는 온라인 교육의 기술발전 등으로 인해서 디지털 교육에 대한 기대가 높아진 것도 하나의 원인이라고 볼 수 있다. 이 책의 저자들은 디지털 시대를 맞이하여 어떻게 메타버스를 교육적으로 활용할 것인지에 포괄적인 논의를 제공하고자 했다.

제Ⅰ부 메타버스와 교육에서는 메타버스를 교육적으로 활용하려는 여러 가지 시도를 설명하고 있다. 제1장에서는 온라인 수업을 위한 대표적인 학습플랫폼으로의 활용가능성을 제시하고 있다. 제2장에서는 디지털전환이라는 새로운 교육환경의 변화 속에서 메타버스를 활용한다는 것이 갖는 의미를 강조하고 있다. 제3장에서는 메타버스가 만드는 학습공간의 기능과 역할에 대해서 설명하고 있다. 제4장에서는 K-MOOC와 같은 평생교육 학습플랫폼을 메타버스로 전환하기 위해서 필요한 활용방안을 제시하고 있다.

제Ⅱ부 메타버스의 설계원리에서는 메타버스를 교육적인 용도로 활용하기 위해서 필요한 설계원리를 다루고 있다. 제5장에서는 메타버스를 적용하기 위한 학습공간의 설계원리를 설명하고 있다. 제6장에서는 사용자를 나타내는 아바타의 기능과 활용을 위한 기본원리가 제시되었다. 제7장에서는 메타버스를 다양한 활동공간으로 사용하기 위한 방법과 원리에 대해서 설명했다. 제8장에서는 진로교육 및 상담을 위해서 어떻게 메타버스를 설계할 것인지에 대한 내용을 다루고 있다.

제Ⅲ부 메타버스 활용 사례 분석에서는 실제로 메타버스를 적용한 사례를 설명하고 어떤 함의점을 얻을 수 있는가에 대하여 논의하였다. 제9장에서는 대학수업에 적용한 사례를 기반으로 교수학습적인 관점에서 고려할 내용을 분석했다. 제10장에서는 K-MOOC의 과목을 메타버스로 적용한 사례를 분석했다. 제11장은 디지털인문학의 관점에서 지역교육의 문제를 어떻게 해결해 볼 수 있을 것인지에 대한 사례가 제시되었다. 제12장에서는 학습공간을 넘어서 문화예술을 위한 공간으로도 활용된 사례를 제공하였다.

메타버스는 과연 어떤 방향으로 발전하게 될까? 메타버스와 관련된 기술발전이 거듭되고 있는 상황에서 이런 발전방향을 논의하는 것은 쉽지 않다. 그렇지만 메타버스를 교육적인 측면에서 활용한다는 관점에서 보면 다음과 같은 세 가지 방향을 생각해 볼 수 있다.

첫째, XR(확장현실 - eXtended Reality)과 연계된 학습경험의 확장이다. 메타버스는 평면적인 학습경험이 아니라 입체적인 공간이동을 기반으로 한 학습환경을 제공할 수 있다. 이런 기능은 더욱 확장될 것으로 기대되며, 확장현실이라는 새로운 플랫폼을 적용한 메타버스가 더욱 늘어날 것이다.

둘째, 메타버스 학습환경은 더욱 다양한 상호작용을 지원하는 형태로 발전할 것이다. 즉, 3D 오브젝트와 같이 입체적인 모형을 사용자가 만들거나 활용해서 메타버스 플랫폼에 올릴 수 있게 될 것이다. 지금도 이런 기능을 갖고 있는 메타버스가 적지 않다. 사용자의 기술이 늘어나면서 이런 활용도 더 커질 것으로 전망된다.

셋째, 메타버스를 활용함으로써 다양한 형태의 수업유형이 등장할 것이다. 전통적으로 온라인 학습에 적용되었던 수업방법들이 메타버스와 결합되면서 더 다양한 형태로 제시될 것이다. 현재와 같은 지식중심의 활동을 벗어나 수행과 활동 중심의 실습도 온라인 교육의 형태로 확산될 것이다.

대표저자 류지헌

차례

Chapter 12
문화예술과 감성 놀이터로서의 구축 사례_김수연

METAVERSE AND EDUCATION IN THE DIGITAL AGE

디지털 시대의
메타버스와 교육

PART

I

메타버스와 교육

대학의 온라인 수업과
메타버스의 활용

류지헌_전남대학교 교육학과

개요

대학 교육의 온라인 수업환경을 개선하기 위해서 메타버스 플랫폼을 활용하는 방안에 대해 논의하였다. 먼저 메타버스의 특징을 설명하고 어떻게 사용될 수 있는지에 대해서 제시하였다. 메타버스에 대한 기저이론은 아바타에 의한 사회적 상호작용, 입체적으로 구현된 학습공간의 특징, 다중사용자 중심의 가상환경으로 볼 수 있다. 대학교육에서 메타버스는 실제적인 학습경험을 제공해 줄 수 있는 플랫폼으로 적용될 수 있다. 메타버스에 구현된 아바타와의 상호작용이나 입체적인 공간구성이 학습자에게 사실적인 학습경험을 제공할 수 있기 때문이다. 끝으로 메타버스의 교육적인 활용방안에 대해서 제시하였다.

메타버스의 출현은 많은 사람에게 새로운 가상공간을 제공하고 있다. 최근 들어서 메타버스에 대한 관심이 폭발적으로 높아지면서 가상세계를 확장하는 계기가 되고 있다(이승환, 한상열, 2021). 그러나 메타버스라는 용어가 처음 등장한 시점은 1992년이다(Sparkes, 2021).

당시 메타버스는 소설 속에 등장한 가상의 공간을 의미하는데, 여러 사람이 공유하는 가상의 온라인 공간을 지칭했던 것이다. 메타버스(metaverse)에 대한 대중의 관심이 뜨거운 상황에서 이를 교육적으로 어떻게 활용할 것인지에 대한 논의도 활발히 시작되고 있다. 메타버스에 대한 개념 정의는 다양하겠지만, 학습적인 관점에서 보면 메타버스는 아바타를 기반으로 사회적 상호작용이 가능한 3차원 가상환경으로 정의할 수 있다(Tilak et al., 2020). 메타버스의 교육적인 장점은 가상세계의 참여자끼리 사회적 상호작용을 하면서 몰입감 높은 학습경험을 체험할 수 있다는 것이다.

이제는 기술이 발달하면서 XR(extended reality) 연계형의 메타버스까지 발전하게 되었다. 그러나 메타버스의 등장과 관련해서 적지 않은 논의들이 메타버스를 신개념으로만 해석하는 경향이 강하다. 그렇지만 교육적인 관점에서 메타버스가 어떤 장점과 활용가능성이 있는지를 검토할 필요가 있다. 이는 메타버스에 대한 신기한 경험이 온라인 학습을 설명할 수 있는 중요한 이론적 근거를 갖고 있기 때문이다.

 ## 1 온라인 수업의 한계

코로나19에 의한 팬데믹이 확산되면서 세계적으로 모든 학교가 온라인 수업으로 대체되었다. 이러한 현상은 그동안 고등교육 분야에서 온라인 수업의 활성화를 추진하던 것들을 촉진하는 계기가 되었다. 우리나라를 포함해 많은 대학에서 온라인 수업으로 전환되어 운영되었다. 이러한 전면적인 온라인 수업의 전환은 고등교육 분야에서 생각하지 못했던 대응방식과 수업환경의 변화를 만들었다. 2020년 1학기 학교에서는 코로나에 따른 전혀 새로운 수업환경을 강제로 맞아야 했다. 그야말로 전대미문의 온라인 수업의 전면적용이었다. 당시 대학가에서는 코로나로 인한 피해가 곧 가라앉을 것이라는 낙관론도 어느 정도 있던 상황이었다. 그러나 우리들의 희망과는 달리 팬데믹의 여파는 너무나도 강력하게 온라인 수업을 실시할 수밖에 없도록 만들었다. 그리고 이제 1년 반이라는 시간이 흘렀고, 백신접종 비율이 올라가면서 위드코로나 시대의 서막에 대한 논의가 시작되었다.

그럼 그동안 대학의 수업환경은 어떻게 변화되었나? 코로나 시기에 대학에 입학했던 학생들은 제대로 된 대학생활과 친구 만들기조차 못했을 것이라는 우려의 대상이 되고 있다. 이들은 확실히 온라인 수업을 보편적인 것으로 인식하고 있는 것 같다. 화상회의 방식으로 운영되는 새로운 학습유형이 나타났고, 학교와 회사들은 컴퓨터 기반 환경에 의존한 업무환경을 운영하고 있다. 팬데믹이 처음 선포되었을 때, 화상회의 시스템이라는 수업환경에 적응하기 위해서 고생했던 기억이 선명하다.

그렇지만 이제는 화상회의 시스템 때문에 발생하는 줌 피로증(Zoom Fatigure) 또는 줌 탈진(Zoom Exhaustion)이라는 불편을 경험하고 있다. 피로증이라는 것은 불편한 느낌을 만들게 되는 심리적인 지각현상이다. 지속적으로 화상회의 방식의 수업환경에 노출되면서 이러한 불편한 경험이 쌓이고 있다. 피로증이 확대되면서 수업에 대한 참여가 힘들어지고 인지적으로나 심리적으로 상당한 피곤함을 느끼고 있다. 이런 피로증이 수업환경으로 확장된다면 수업에 대한 주의집중 상실이나 참여불가 등의 부정적인 경험이 누적될 수 있다. 따라서 대학과 같이 화상회의 방식에 의한 수업에 상당히 많이 노출되는 학습환경에서 이런 피로감은 매우 심각한 문제를 일으킬 수도 있다. 그렇다면 이런 줌 피로감은 왜 발생하는 것일까? 그리고 이런 문제점을 해결하는 대안적인 방법은 무엇인지 살펴보도록 한다.

일반적으로 줌 피로나 줌 탈진과 같은 현상의 원인은 4가지로 지적되고 있다(Nadler, 2020). 첫째, 화상회의를 진행하는 동안 모니터를 통해서 타인의 시선을 지속적으로 지각해야 한다는 것이다. 화면에 등장하는 많은 사람의 시선을 온전히 다 받아야 한다. 줌 사용자는 화상회의나 온라인 수업을 할 때, 수강생들의 얼굴을 직면해야 하는데, 문제는 누가 나를 응시하고 있는지를 알 수 없으므로 더 많은 신경을 쓰게 된다는 점이다.

둘째, 화면에 나오는 자신의 모습을 지속해서 관찰하는 것도 심리적으로 매우 어려운 과정이 될 수 있다. 즉, 화면에 비친 내 모습과 다른 사람의 모습을 비교하기 때문에 자신의 얼굴을 보는 것이 심리적인 부담을 주게 된다는 것이다. 이미 소셜미디어에서는 거울효과의 문제점에 대한 우려가 있었다. 소셜미디어에 노출된 내 모습을 의식적으로 지각하게 되면서 소셜미디어 자체가 내 생활에 대한 거울 역할을 하게 된다. 이렇게 되면 타인에게 비치는 내 모습에 대한 심리적인 부담이 커질 수밖에 없다.

셋째, 고정식 수업활동에 의한 평면적인 학습경험을 하게 된다는 점이다. 줌 등의 화상회의 시스템에서는 사실상 이동이나 움직임과 같은 행동요인이 거의 없다. 그러므로 화상회의에 접속했다고 하더라도 매우 평면적인 만남을 갖게 된다. 그런데 이것이 학습이나 수업을 위한 것이라면 더욱더 재미없고 지루한 경험을 제공하게 된다. 기본적으로 학습은 공간을 가정한 활동에 근거하는 것이다. 그냥 단순히 단어나 개념을 이해하는 것이 아니라, 내용을 이해하기 위해서 제스처를 포함해서 다양한 공간적인 활동을 수반해야 한다. 그런데 그런 활동이 없어지면 온라인에서의 수업은 매우 지루한 경험이 되고 마는 것이다.

넷째, 화상회의 방식의 온라인 학습상황에서 학습자는 외부의 도움을 거의 받을 수 없어서 거의 모든 것을 혼자 해결해야 한다. 그러므로 학습문제를 해결하는 데 필요한 인지부하의 발생요소를 더 많이 갖고 있다. 옆 친구에게 물어보거나 서로 협력하면 쉽게 해결될 수 있는 일도 혼자 해결해야 하는 경우가 많다. 모든 것을 혼자 해결해야 하는 학습자는 인지과부하를 경험할 가능성이 더 커지는 것이다.

그렇다면 이런 문제점을 해결하는 방법은 무엇일까? 네 가지 문제점에 따라서 해결방안으로 제시되고 있는 것들에는 어떤 것이 있는지 살펴보자. 첫째, 과도한 시선접촉을 피하기 위해서 카메라를 끄거나 최소화하는 방법이 제안되고 있다. 시선접촉을 피함으로써 원인을 원천적으로 차단하는 방법이라고 할 수 있다. 둘째, 거울효과에 대한 부분도 마찬가지인데 카메라를 끄고 화상회의를 진행하는 방법을 제안하고 있다. 목소리 위주로 의사소통하는 방식을 적용함으로써 내 모습을 보지 않도록 하는 방법이다. 셋째, 움직임이 없는 학습활동을 줄이기 위해서 움직이거나 제스처를 수반한 활동을 함께 하는 것이 좋다고 권장되고 있다. 고정식 학습경험을 통해서 단순히 개념을 이해하거나 암기하는 차원의 활동에 그치는 것을 막기 위한 것이다. 넷째, 정서적인 상호작용을 높일 수 있는 활동을 권장하고 있다. 화상회의 상황에서 학습자의 얼굴을 보고 정서 상태를 파악하는 것은 굉장히 힘든 일이다. 일상생활에서 상대방의 정서 상태를 파악하는 일은 자연스럽게 일어나는 상호작용의 일부분이다. 그러나 화상회의에서는 제한된 화면을 통해서 많은 사람의 정서 상태를 파악해야 한다. 이런 의식적인 점검과정 자체가 부자연스럽기 때문에 인지부하를 초래하는 요인이 되고 있다는 것이다.

2 메타버스의 특징

메타버스의 특징은 대략 세 가지 정도로 구분할 수 있다. ① 아바타 사용에 따른 사회적 상호작용의 촉진, ② 비언어적인 의사소통의 활용, ③ 입체적인 학습공간을 활용한다는 점이다(임태형, 양은별, 김국현, 류지헌, 2021). 각 특징을 살펴보고, 메타버스 기반의 학습플랫폼이 갖추어야 할 특징에 대해서 알아보자.

첫째, 메타버스의 아바타 활용을 통한 사회적 상호작용 촉진은 기존 원격교육에서는 기대하지 못했던 학습형태가 된다. 아바타를 활용한 상호작용에서는 학습자의 공간이동 및 의사소통 기능이 활발히 일어나게 된다. 이와 같은 공간이동과 의사소통 기능은 사회적 실재감을 촉진시킬 수 있는 학습환경이다. 원격교육 환경에서 실재감은 긍정적인 영향을 미치는 요인으로 실재감이 높을수록 학습자의 활동 참여와 동기수준은 높아진다(모수경, 2021).

둘째, 아바타를 사용한 비언어적 의사소통은 정서적 교감을 촉진하므로 사회적 실재감을 더욱 높일 수 있다. 가상현실(VR)기반의 수업과 일반 교실수업을 비교했을 때, VR기반의 수업에서 정서적인 교감이 3.75배 높다는 연구결과로 확인할 수 있다(Likens & Ecker, 2020).

셋째, 가상현실 기반의 메타버스에서는 지식기반 학습보다는 입체적인 학습공간과 3D 학습자료를 활용한 관찰과 수행중심의 학습이 가능하다. VR에서는 관찰하거나 수행중심으로 수업이 이루어지기 때문에 학습내용에 대한 적용 자신감이 2.75배 높다고 한다(Eckert & Mower, 2020). 이런 점들은 메타버스를 활용함으로써 그동안 할 수 없었던 수업활동을 다양한 조건으로 확장할 수 있다는 것을 보여준다. 메타버스의 이러한 환경적인 특징을 교수-학습에 적용한다면, 학습활동 자체에 대한 촉진 및 증진요인을 차별화할 수 있을 것이며 이를 통해 원격교육에서 다양한 긍정적인 요인을 기대할 수 있다.

 ## 3 메타버스 학습에 대한 기저 이론

메타버스를 구성하는 가장 핵심적인 요소는 나 자신을 나타내는 아바타이다. 아바타를 통해서 가상현실 세계를 돌아다니거나 다양한 활동을 할 수 있기 때문이다. 아바타를 활용한다는 것은 학습자에게 여러 가지 장점을 제공해 준다. 아바타는 학습자와 메타버스를 연결시키는 대리자의 역할을 한다. 이것을 아바타에 의한 사회적 대리자(social agency) 역할이라고 한다. 사실 아바타는 학습자와 학습내용을 연결하는 고리 역할을 한다. 이러한 사회적 대리자 기능에 대한 이론은 이미 2001년에 제안되었다(Moreno, Mayer, Spires, & Lester, 2001). 이들의 연구에서 아바타는 학습내용에 접근하기 위한 기능을 수행함으로써 학습자의 학습 동기를 높이거나 학습 참여에 긍정적인 영향을 미칠 것으로 보았다.

아바타를 사용하면 학습자가 학습내용에 더 쉽게 접근할 수 있다. 또한 단순한 접근성 증진뿐만 아니라 정서적 상호작용을 위한 긍정적인 기능을 제공한다. 아바타가 학습자와 학습내용 사이에 존재함으로써 친근감의 표시나 정서적인 상호작용을 유발할 수 있으므로 학습내용에 대한 심층적 사고가 가능하다. 즉, 아바타는 사람과 같은 인격성을 갖게 되기 때문에 학습자들은 아바타와의 상호작용을 통해서 보다 풍부한 학습경험을 할 수 있게 된다는 것이다(Mayer & Estrella, 2014). 이들의 주장에서 보는 바와 같이 아바타의 긍정적인 기능에 대한 기저 이론은 이미 학술적인 관점에서 오래전에 논의된 내용이라는 점에 주목해야 한다. 즉, 메타버스는 새로운 개념처럼 보이지만, 이미 학술적인 측면에서 오래전부터 연구된 분야라는 점이다.

메타버스에서의 학습을 설명하는 또 다른 기저 이론으로 공간이동 및 사회적 실재감 형성을 들 수 있다(Lee et al., 2021). 아바타는 메타버스 가상공간을 이동하면서 활동을 수반한다. 따라서 메타버스에서는 공간적인 이동을 경험하고 입체적인 지각을 촉진할 수 있는 활동을 할 수 있다. 이렇게 공간을 움직여서 돌아다니다 보면, 자신이 있는 가상공간 자체에 대한 입체적인 지각을 하게 되는데 자연스럽게 공간적인 지각을 촉진하게 된다. 소위 자신이 어디에 있으며, 특정한 공간적인 특징을 지각하게 된다. 이러한 공간지각이 높아지면 자신이 활동하고 있는 곳에 대한 물리적인 실재감에 대한 지각이 올라가게 된다. 공간지각 요인은 줌 탈진현상을 줄일 수 있다. 학습자들은 자신이 속한 가상공간에 대한 실재감을 더 크게 지각할 수 있다(Reisoğlu, et al., 2017). 이런 공간이동성을 통해서 사용자는 가상공간에 대해서 더 큰 몰입감을 경험하게 된다(김주연, 2020).

메타버스 공간을 설명할 수 있는 키워드는 다중사용자 가상환경이라는 것이다. 이것은 MUVE라고 하는데, multi-user virtual environment의 약자이다. 이 용어에서 알 수 있듯이, 메타버스에서는 여러 명의 학습자가 동시에 접속해서 상호작용하게 된다. 이때, 아바타를 통해서 정서적인 표현이나 사회적인 활동을 할 수 있다. 예를 들어서, 아바타를 사용해서 가벼운 인사를 나누거나 격려하고 박수를 치는 등의 사회적 상호작용을 할 수 있다. 이러한 사회적 상호작용은 아바타를 활용한 사회적 활동을 강화하고, 학습자들이 가상세계에서 다른 사람과 뭔가를 할 수 있다는 자각을 주게 된다. 실제로 이러한 사회적 상호작용은 동료학습자와 함께 참여한다는 협력적 학습활동을 높인다(Tilak et al., 2020).

메타버스에서는 공간적인 지각도 촉진되며, 다른 사용자와의 상호작용을 통해서 다양한 사회적 상호작용을 할 수 있기 때문에 학습동기 촉진이 더 용이하다. 이런 이유 때문에 메타버스가 비대면 학습환경의 문제점을 극복할 수 있는 대안으로 인식되고 있다(조은원, 김부경, 배상훈, 2020).

 4 대학 온라인 교육을 위한 메타버스

메타버스는 원격수업의 패러다임을 바꿀 수 있는 잠재력을 지녔다. 앞서 살펴본 바와 같이 가상현실을 활용하거나 실재감을 높일 수 있다는 긍정적인 요인을 생각했을 때, 메타버스는 원격수업에서의 패러다임에 변화를 가져올 것이다. 3D 환경에서 학생들은 직접적인 참여를 통해 공간이동과 높은 사회적 실재감을 경험할 수 있다. 이런 학습환경은 단순한 지식전수형 학습형태와는 다른 학습패러다임을 만들 것이다. 학습자는 자신의 아바타를 조작함으로써 공간이동을 경험하게 되는데, 이러한 경험은 학습활동에 직접적으로 참여하는 효과를 기대할 수 있다(Griol, Sanchis, Molina, & Callejas, 2019). 또한, 아바타를 조작함으로써 학습자는 공간지각을 높일 수 있으므로 지식위주의 학습이 아닌 전혀 다른 차원의 학습을 경험할 수 있다(Ziker, Truman, & Dodds, 2021). 메타버스 기반의 수업은 기존의 교실수업이나 원격수업과는 다른 학습활동을 제공할 것이다. 이런 점들을 고려해보면, 메타버스에서의 상호작용과 공간적인 지각은 기존 학습환경에서 기대할 수 없었던 새로운 학습 및 수업 패러다임을 만드는 요소라고 할 수 있다. 결과적으로 메타버스의 교육적인 활용은 기존의 온라인 학습환경에서 만들 수 없었던 새로운 학습경험을 제공하여 원격수업의 패러다임을 바꿀 수 있는 잠재력을 갖고 있다고 평가할 만하다.

그렇다면 구체적으로 메타버스의 어떤 요인들이 온라인 학습을 위한 대체요인이 될 것인지 살펴볼 필요가 있다. 첫째, 메타버스에서는 나와 시선접촉을 하는 사람이 누구인지 알 수 있기 때문에 다른 사람과의 사회적 관계 형성이 어렵지 않다. 화상회의에서는 평면적으로 제시되는 화면 위의 사용자 시선에 고스란히 노출된다. 그런데 함께 화상회의를 하는 사람 중에서 나와 실제로 시선접촉을 하는 사람을 특정할 수 없다. 그래서 사용자 전체에 대한 인위적인 점검을 하게 된다. 이런 인위적인 점검은 일상생활에서는 자연스럽게 일어나기 때문에 아무런 심리적인 부담을 주지 않는다. 이와 비슷하게 메타버스에서는 사용자의 아바타와의 대면과정에서 내가 접촉하는 상대를 특정할 수 있다.

둘째, 사회적 대리자인 아바타를 사용하기 때문에 내 모습에 대한 긴장이나 경쟁적인 부담을 가질 필요가 없다. 따라서 나를 그대로 노출해야 하는 부담을 덜 수 있으며, 오히려 내가 원하는 형상으로 아바타를 꾸밀 수 있다. 아바타를 통해서 나를 규정할 수 있으므로 학습자들은 조금 더 재미있는 경험을 할 수 있다.

셋째, 입체적인 공간 활동이 가능하기 때문에 평면적인 학습경험을 피할 수 있다. 학습자는 메타버스 학습공간을 이동하면서 활동에 참여한다. 완벽하게 어떤 제스처를 구현해서 반영할 수 있는 수준은 아니지만, 어느 정도의 행동중심의 활동에 참여할 수 있다. 또한 동료학습자에 대한 물리적인 위치나 공간적인 배치가 가능해지므로 함께 수업하는 동료에 대한 실재감 인식을 촉진할 수 있다. 제스처나 행동을 통한 공간적인 이동은 학습공간에 대한 이해를 높일 수 있으므로 학습에 대한 경험의 질을 높일 수 있다.

넷째, 메타버스에서는 협력적인 학습활동을 촉진할 수 있다. 여러 명의 학습자가 학습 동료라는 인식을 더 강하게 가질 수 있고, 함께 수업을 받고 있다는 사회적 실재감을 높일 수 있다. 이런 사회적 실재감과 공간적인 이동 경험이 결합하면서 동료 학습자와의 협력 활동을 더 쉽게 수행할 수 있다. 우리의 일상적인 학습경험은 사실 그 학습이 일어난 공간의 특징을 반영하게 되어 있다(Fauville, et. al., 2021). 화상회의에서는 공간이동 지각을 제공하지 못해서 학습자의 학습경험을 상당히 제한하게 된다.

끝으로 메타버스의 원격수업 활용을 위한 제언이다. 기존의 LMS 와 메타버스는 기술적인 기원이 다르므로 단기간에 통합된 시스템을 갖추기는 쉽지 않을 것이다. 따라서 우수사례 개발이라는 측면에서 단독으로 운영가능한 과목개발에 대한 연구개발이 선행되어야 한다. 대학교육은 전공수업을 목적으로 하기 때문에 VR기반의 메타버스를 적용하기에 가장 적절한 학습자 대상을 갖고 있다. 메타버스 운영수 업을 통해서 전공내용을 심화하고 원격교육의 역량강화라는 기본취 지를 더욱 강조할 필요가 있다.

메타버스와 디지털전환

차성현_전남대학교 교육학과

개요

포스트 코로나를 맞이하여 대학교육에서는 새로운 교육환경의 변화가 나타나고 있으며 이에 따라 온라인 플랫폼이 더 광범위하게 활용되고 있다. 교육용 플랫폼의 다양화는 확장현실이라는 새로운 영역도 소개하였다. 메타버스는 온라인 교육을 확장시킬 수 있는 잠재력을 갖고 있다고 평가할 수 있다. 여기에서는 디지털 전환과 같은 시대에 메타버스 활용가능성에 대한 논의가 필요하다는 점을 제시하였다. 디지털 전환은 단순한 인프라의 확장이 아니라 새로운 문화의 확장이라는 점을 간과해서는 안 된다. 특히, 디지털혁명이라는 최근의 변화를 고려할 때 메타버스의 가능성에 대한 논의가 더욱 필요하다.

 포스트코로나와 교육의 변화

우리나라를 비롯한 전 세계는 코로나19(COVID-19)를 겪으면서 역사 발전의 중대한 분기점(critical juncture)에 서 있다. 코로나19는 정치, 경제, 교육, 의료등의 분야에서 우리가 그동안 당연하게 여기며 해

오던 많은 것들이 '정말로 그래야 하는가'라는 의문을 갖게 한다. 코로나19 이후(Post-Corona) 우리의 삶은 어떻게 변화할 것이며, 새로운 기준과 규범(new normal)은 어떠해야 하는지에 대해 성찰하게 한다. 포스트 코로나19 시대의 교육은 어떠한 모습이 될 것인지 생각해본다.

코로나를 겪으면서 초·중·고 400만 명의 학생이 한꺼번에 원격수업을 받았다. 이 과정에서 네트워크 접속 지연, 원격수업 장비 부족 등 크고 작은 문제가 있었지만, 대체로 큰 무리 없이 원만하게 원격수업이 진행되었다. 대학도 이런 추세에 맞춰 전면 원격 강의로 전환되었다. 코로나19에 대응하면서 경험한 교육 분야의 가장 큰 변화는 수업 방식의 변화이다.

모든 학교의 수업이 온라인 비대면 방식으로 진행되면서 우리는 온라인 비대면 수업의 확장성과 함께 오프라인 대면 수업의 소중함을 깨닫고 있다. 전면적으로 온라인 수업을 해 보니 온라인 수업 방식이 보다 적합한 분야, 과목, 내용이 있다는 것을 새삼 알게 되었다. 또한 면대면 수업의 긴장과 흥분, 즉흥적 질문과 답변, 생동감 있는 학생 눈빛이 수업에 주는 의미를 재발견하고 있다. 이러한 경험에 비추어 볼 때, 포스트 코로나19 시대에는 온라인 수업이 지금보다 확장되고, 온라인과 오프라인을 방식을 혼합한 블렌디드 수업(Blended learning)이 보편화될 것이다. 이러한 변화는 집합강의가 일반적인 평생교육 분야에서도 예외가 아닐 것으로 보인다.

원격수업이 진행되면서 우리는 전국의 모든 교육현장에서 동시에 원격수업을 할 수 있는 전산망과 플랫폼을 갖추고 있다는 것을 확인하였다. 이러한 기술력과 함께 원격수업 플랫폼이 제대로 기능하기 위해서는 학습자의 수요에 부합하는 다양한 온라인 콘텐츠의 공급이 원활하게 이루어져야 한다는 것이다. 이를 위해 민간 교육콘텐츠 개발 업체와의 협력이 활성화될 것으로 보인다. 교사나 교수가 제작한 원격수업 콘텐츠만으로는 학습자의 다양한 필요를 충족시키기에 한계가 있다. 에듀테크(Edu-Tech) 민간 업체에서 개발한 고품질의 다양한 교육콘텐츠와 학습관리시스템(Learning Management System)을 학교의 정규 수업에 활용하게 될 것으로 보인다. 학습관리시스템에는 학습자 특성 및 수준, 학습 이력 등 학습자에 대한 다양한 정보들이 누적적으로 수집·분석되고 관리된다.

더불어, 학습공간에 대한 생각도 바뀌게 될 것이다. 온라인 수업이 보편화되면 온라인 수업의 공간은 학교 교실이라는 물리적 공간을 넘어서게 될 것이다. ICT 장비는 말할 것도 없고, 가상 및 증강현실을 아우르는 확장현실(eXtended Reality)을 갖추고, 학습매니저가 있는 유·무상의 학습공간이 곳곳에 생겨날 것으로 기대된다.

이러한 교육의 변화된 모습은 경제협력개발기구(OECD)가 2001년에 발표한 학교교육의 미래(Schooling for Tomorrow)에 관한 6가지 시나리오 중 5번째인 '학습자 네트워크'(Networks & Network Society)와 매우 유사하다(James, 2001). 즉, 학습자의 요구가 다양해지고 저비용의 고품질 온라인 강의가 공급되고 글로벌 접근성이 높아지면서 학교교육이 학습자 네트워크에 의해 대체될 시기가 코로나19에 의해 보다 앞당겨졌다. 앞으로 칸아카데미(Khan Academy), 미네르바스쿨(Minerva school) 등과 같은 온라인 기반 학교들이 보다 많이 등장하게 될 것이다.

또한, 온라인 플랫폼을 활용한 수업이 활성화되면서 학습 촉진자(facilitator)로서의 교수자 역할이 보다 강화될 것이다. 수업을 잘하는 교수자들이 최고의 수업을 만들어 온라인 플랫폼을 통해 공유하고, 교수자는 직접 강의를 하는 대신 학습자의 학습과정을 돕는 역할에 집중한다. 학습자와 교수자는 학습자에게 적합한 최적의 학습과정 정보를 학습관리시스템으로부터 제공받는다. 이처럼 학습데이터에 기반한 맞춤형 수업(adaptive learning)이 현실화되며, 이에 따라 학습만족도 및 효과성은 더욱 배가될 것이다.

코로나19로 인한 위기는 교육 혁신의 기회이기도 하다. 2차 산업혁명 시기에 한정된 공간에 학생들을 모아놓고 교사가 지식을 전달하는 공장형 수업방식에 벗어나 창의·융합 인재를 양성할 수 있는 개별화된 수업 방식으로 전환할 기회이다. 코로나19의 대응 과정에서 우리는 그러한 학습혁명의 가능성을 보고 있다. 포스트 코로나19 시대에는 우리 모두가 개별화된 원격수업 서비스를 언제 어디서나 일상적으로 경험하는 평생학습 생태계 속에서 살고 있기를 기대한다.

2 온라인 교육과 메타버스의 활용

온라인 교육을 확장시킬 수 있는 방법으로 메타버스(metaverse)의 활용방안에 대한 논의가 많다. 메타버스에 대한 개념 정의는 다양하겠지만, 학습적인 관점에서 보면 메타버스는 아바타를 기반으로 사회적 상호작용이 가능한 3차원 가상환경으로 정의할 수 있다(Tilak et al., 2020). 메타버스의 교육적인 장점은 가상세계의 참여자끼리 사회적 상호작용을 하면서 몰입감 높은 학습경험을 체험할 수 있다는 것이다. 메타버스는 사회·경제적인 차원에서 여러 가지로 해석될 수 있겠지만, 온라인 교육을 확장시킬 수 있는 플랫폼이라는 측면에서 메타버스의 잠재력을 검토해야 한다.

메타버스는 원격수업의 패러다임을 바꿀 수 있는 잠재력을 지녔다. 앞서 살펴본 바와 같이 가상현실을 활용하거나 실재감을 높일 수 있다는 긍정적인 요인을 생각했을 때, 메타버스는 원격수업에서의 패러다임 변화에 만들 수 있는 변화를 가져올 것이다. 3D 환경에서 학생들은 직접적인 참여를 통해 공간이동과 높은 사회적 실재감을 경험할 수 있다. 이런 학습환경은 단순한 지식전수형 학습형태와는 다른 학습패러다임을 만들 것이다. 학습자는 자신의 아바타를 조작함으로써 공간이동을 경험하게 되는데, 학습자들은 아바타를 조종하면서 학습활동에 직접적으로 참여하는 효과를 기대할 수 있다(Griol, Sanchis, Molina, & Callejas, 2019). 또한, 아바타를 조작함으로써 학습자는 공간지각을 높일 수 있으므로 지식위주의 학습이 아닌 전혀 다른 차원의 학습을 경험할 수 있다(Ziker, Truman, & Dodds, 2021). 메타버스 기반의 수업은 기존의 교실수업이나 원격수업과는 다른 학습활동을 제공할 것이다. 이런 점들을 고려해보면, 메타버스에서의 상호작용과 공간적인 지각은 기존 학습환경에서 기대할 수 없었던 새로운 학습 및 수업 패러다임을 만드는 요소라고 할 수 있다. 결과적으로 메타버스의 교육적인 활용은 기존의 온라인 학습환경에서 만들 수 없었던 새로운 학습경험을 제공하여 원격수업의 패러다임을 바꿀 수 있는 잠재력을 갖고 있다고 평가할 만하다.

3 디지털전환과 변혁적 변화

디지털전환에 대한 사회적인 요구는 학교교육에서도 활발히 일어나고 있다. 학교 밖 상황에서는 디지털 기술이 급속히 확산되고 있는 상황에서 이러한 사회변화를 무시할 수 없다. 교육 분야에서의 디지털 혁신은 중요한 사회문제이기도 하고, 시급성을 다투는 내용이기도 하다. 사실, 교육은 일반적으로 사회의 변화에 뒤처지는 경향이 있다. 이러한 느린 대응은 주로 교육정책의 신중한 의사결정 과정 때문인데, 이것이 바로 디지털전환의 중요성을 강조하는 이유이다.

디지털전환(Digitial Transformation)은 한 번에 이루어지는 것이 아니라 여러 단계를 거쳐서 달성되는 것이다. 〈그림 1〉은 디지털전환을 달성하기 위해서 거쳐야 하는 단계를 설명하고 있다(Brooks & McCormack, 2020). 디지털전환을 완성하기 위해서는 총 세 단계를 완

그림 1 디지털전환의 단계

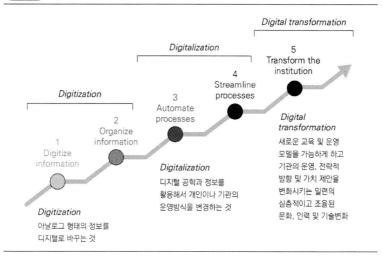

성해야 하는 것으로 하고 설명하고 있다. 1단계 절차의 디지털화(digitization), 2단계 기술공학을 활용한 디지털화(digitalization), 3단계 디지털전환(digital transformation)으로 구분되어 있다. 각 단계의 특징을 설명하면 다음과 같다. 1단계 절차의 디지털화는 아날로그 형태의 정보를 디지털 형태로 바꾸는 것을 말한다. 이 단계에서는 정보자체를 디지털 형태로 바꾸는 것이 중요하다. 가장 기초적인 작업이라고 할 수 있다. 그 다음 단계인 기술공학을 활용한 디지털화는 디지털공학을 활용해서 개인이나 기관의 운영방식을 변경하려는 것이다. 최종적으로 디지털전환 단계에 이르게 되면, 새로운 교육 및 운영모델을 적용할 수 있게 된다. 즉, 전략적인 방향을 설정해서 운영할 수 있는 단계이다. 인프라 구축을 넘어서 전략적 방향과 가치를 전환시키는 것이다.

세 단계는 다시 하위 5가지 절차로 구성된다. ① 정보의 디지털화(digitize information), ② 정보의 조직화(organize information), ③ 과정의 자동화(automate processes), ④ 절차간소화(streamline process), ⑤ 조직의 변환(transform institute)이다. 이런 세부절차를 거쳐서 최종적으로 디지털전환에 이를 수 있을 것으로 보았다. 먼저 ① 정보의 디지털화(digitize information)와 ② 정보의 조직화(organize information) 절차를 거치면서 정보자체를 디지털로 변화시키려는 단계를 거치게 된다. 그 다음 단계로 전화되면, ③ 과정의 자동화(automate processes)와 ④ 절차간소화(streamline process)를 거치면서 2단계 기술공학을 활용한 디지털화가 구현된다고 보고 있다. 끝으로 ⑤ 조직의 변환(transform institute)을 통해서 구체적으로 디지털전환이 일어날 수 있다고 설명하고 있다. 이러한 디지털전환 단계를 교육현장에 적용해보

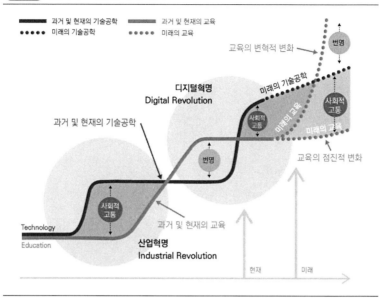

그림 2 교육과 기술공학의 경주

면, 단순히 새로운 기술을 도입하는 것 이상의 의미를 가진다. 실질적으로는 교육환경과 교육방식, 그리고 교사의 역량까지 전반적으로 변화시켜야 한다. 이러한 과정은 교육의 전략과 인력자원을 통합적으로 고려해야만 성공할 수 있다.

그런데 교육과 기술공학은 서로 경쟁관계에 있다는 점을 간과해서는 안 된다. 〈그림 2〉는 교육과 기술공학이 어떤 관계에 있는가에 따라서 사회적 고통(social pain)이 발생하거나 번영(prosperity)을 이룰 수도 있음을 제시하고 있다(OECD, 2019). 예를 들어서 산업혁명이 시작되면서 기술공학의 발전속도가 모든 미래교육을 선도했다. 따라서 교육의 기능은 앞서가는 기술공학을 따라가기 위해서 노력해야 했는데, 이것은 사회적 고통을 유발했던 시기였음을 의미한다. 그러나 교육현장에서 디지털에서의 변혁적 변화(transformative change)를 추구하는가에 따라서 비교적 빠르게 번영을 이룰 수 있다.

 4 마치며

교육 분야에서 디지털전환의 성공 여부는 수업을 담당하는 교수의 역량에 달려있다고 해도 과언이 아니다. 이를 지원하기 위한 다양한 정책과 전략이 필요하며, 이것은 교육과 기술의 경쟁력을 유지하는 데 있어 중요하다. 사실, 디지털 기술이 빠르게 발전하고 있는 만큼, 교육도 이에 뒤지지 않도록 노력해야 한다. 그렇지 않다면, 이러한 불균형은 사회에 부정적인 영향을 미칠 것이다. 또한, 기술의 빠른 발전, 특히 메타버스의 출현에 따라, 교육에 필요한 두 가지 주요 고려사항이 있다. 첫째, 교사들은 기술을 효과적으로 활용할 수 있는 다양한 교육 전략을 마련해야 한다. 이에 대한 연구가 특히 대학 수준에서 더욱 중요하다. 둘째로, 메타버스와 같은 가상 환경에서는 사용자의 익명성이 높아지므로, 이를 고려한 윤리지침과 안전 지침이 필요하다. 이런 가이드라인은 학습자가 안전하고 윤리적인 환경에서 학습을 진행할 수 있도록 해야 한다.

CHAPTER

03

실감미디어 학습공간과
메타버스

이은철_백석대학교 사범학부

개요

실감미디어는 디지털 기술을 사용한 가상의 미디어이지만 실제 세계와 유사한 경험과 감성을 느낄 수 있도록 하는 모든 유형의 미디어로 정의할 수 있다. 그 유형은 증강현실(AR), 가상현실(VR), 메타버스(Metaverse), 확장현실(XR)로 구분할 수 있다. 실감미디어의 학습공간은 교수와 학습이 이루어지는 물리적 공간과 함께 디지털공간도 포함된다. 실감미디어의 유형에 따라서 학습공간을 다르게 정의할 수 있다. 증강현실은 물리적 공간이며, 가상현실과 메타버스는 가상공간, 확장현실은 가상공간과 물리적 공간의 혼합으로 구분된다. 그리고 실감미디어의 유형에 따른 학습공간에서의 상호작용 방법을 제시하였다.

 1 실감미디어의 정의와 유형

실감미디어와 학습공간의 설계에 대해 살펴보기 위해서 먼저 실감미디어에 대한 기본적인 이해가 필요하다. 이를 위해서 실감미디어의 정의와 유형별 특성을 살펴보고자 한다.

실감미디어는 실감형 콘텐츠로도 불리는데, 실제와 유사한 경험을 가질 수 있도록 해주는 모든 미디어를 의미한다. 특히 실제와 유사한 경험뿐만 아니라 감성까지 느끼도록 하는 것이 중요한 핵심이라고 할 수 있다. 이와 함께 실감미디어는 디지털 기술이 적용되어서 가상의 물체를 실제 세계에서 물체를 조작하듯이 다룰 수 있으며, 상호작용이 가능한 미디어를 의미한다. 이때 사용하는 장비에 따라서 시각과 청각뿐만 아니라 촉각까지도 경험할 수 있다(한국교육학술정보원, 2019). 실감미디어에 대한 정의를 내리면 "디지털 기술을 사용한 가상의 미디어이지만 실제 세계와 유사한 경험과 감성을 느낄 수 있도록 하는 모든 유형의 미디어이다."

이와 같은 실감미디어의 유형은 현재까지는 증강현실(AR: Augmented Reality), 가상현실(VR: Virtual Reality), 메타버스, 확장현실(XR:eXtended Reality) 등으로 구분할 수 있다. 실감미디어를 보다 엄밀하게 구분하면 확장현실은 증강현실과 가상현실이 종합되어 있는 혼합현실(Mixed Reality)로 구분할 수 있다. 확장현실은 증강현실과 가상현실과는 다른 기술적 접근을 하지만 개념적으로 완벽하게 구분하기에는 적지 않은 제한점을 가지고 있다. 이는 메타버스도 마찬가지이다. 메타버스는 아바타라는 개념을 제외하면 가상현실과 매우 유사한 개념을 가지고 있다. 따라서 실감미디어의 유형을 증강현실, 가상현실, 메타버스, 확장현실로 규정하고 살펴보도록 하겠다.

2 실감미디어의 유형별 특성

실감미디어의 유형(증강현실, 가상현실, 메타버스, 확장현실)에 따른 특성을 살펴보면 다음과 같다. 〈표 1〉은 각 실감미디어의 유형을 구분해서 정리한 것이다. 첫째, 증강현실은 사용자가 현실 세계의 모습에 가상의 콘텐츠를 혼합하여 제시하는 것이다. 예를 들면 학생이 교과서의 화산을 비추었을 때, 화산 이미지 위에 화산 내부의 가상의 콘텐츠를 덧붙여서 보여주는 형태를 가진다. 특히 증강현실의 경우 평면적 이미지 위에 3D의 입체적인 이미지 또는 동영상을 실행시킴으로써 교육적으로 사용자들의 호기심과 흥미를 높을 수 있으며, 지식의 이해와 적용 능력도 높여 줄 수 있다(서희전, 2008). 또한 현실 위에 가상의 콘텐츠를 추가적으로 제시함으로써 원리와 과정 그리고 결과를 함께 보여줄 수 있어서 교육적 효과가 높은 것으로 보고되고 있다. 증강현실의 특징은 실제 세계라는 배경에 가상의 콘텐츠라는 객체를 제시하는 것이 가장 큰 특징이며, 객체가 실제 세계와의 유사성이 높을수록 교육적 효과가 보다 높은 것으로 나타났다(김희수, 2002).

표 1 실감미디어의 유형에 따른 주요 특징

실감미디어	배경	객체	주요 특징
증강현실(AR)	실제	가상	실제 공간에 가상의 객체를 표현함.
가상현실(VR)	가상	가상	가상 공간에 가상의 객체를 표현함. 몰입형과 비몰입형으로 구분함.
메타버스	가상	가상	가상 공간에 가상의 객체를 표현함. 아바타를 드러내서 3인칭 시점을 표현하기도 하며, 1인칭 시점을 표현할 수 있음.
확장현실(XR)	실제 가상	가상	메타버스와 가상현실 그리고 증강현실을 모두 XR 글라스를 이용하여 표현할 수 있음.

두 번째로 가상현실은 사이버 공간에 디지털 기술을 기반으로 만들어진 인공의 세계이다. 가상현실은 학습자에게 매우 높은 현실감과 몰입감을 제공하기 때문에 사용자는 실제로 그 공간에 있는 것처럼 지각하게 된다(Brooks, 1999). 이를 통해서 사용자에게 다양한 공간과 환경을 마련해 줄 수 있으며 현실 세계에서는 직접 체험이 어려운 경험을 제공할 수 있는 장점이 있다. 가상현실은 몰입형과 비몰입형으로 크게 구분할 수 있다. 초기의 가상현실은 모니터를 사용하여 3인칭 시점으로 사용하는 형태였다. 이를 비몰입형이라고 명명하며, 건축이나 디자인 영역에서 사용되었다. 몰입형 가상현실은 1인칭 시점으로 사용하는 형태이며, 이전에는 자동차 운전이나 비행기 조절 시뮬레이션 등에 사용되었고, 운전과 관련된 조작에서 주로 사용되었다. 그러나 최근에는 HMD(Head-Mounted Display)가 개발, 보급되어서 보다 몰입감을 높일 수 있는 가상현실이 가능해졌으며, 주의분산을 예방할 수 있게 되었다(정지연, 정혜선, 2020). 가상현실은 배경과 객체를 모두 가상의 콘텐츠로 제시한다. 가상현실은 배경과 객체가 실제 세계와 유사할수록 교육의 효과가 높은 것으로 나타나고 있다. 비몰입형보다 몰입형이 주의분산 예방 및 몰입과 흥미 수준에 긍정적인 영향을 주고 있어서 교육에 효과적인 것으로 나타나고 있다(소요환, 2016).

세 번째로 메타버스는 가상현실과 유사한 개념이지만 최근에는 다른 의미로 사용되고 있다. 메타버스(Metaverse)는 초월을 의미하는 메타(meta)와 현실 세계를 의미하는 유니버스(universe)의 합성어로 현실세계에서 확장된 가상의 세계를 의미한다(한태우, 2021). 이처럼 메타버스는 온라인 공간에 디지털 기술을 사용해서 새로운 세계를 창조한 것이며, 사용자들은 언제든지 자유롭게 접속해서 자신의 두 번째 삶을 살 수 있는 것이 가장 큰 특징이다. 이러한 메타버스와 가상현실은 동일한 개념 같지만 분명히 다른 차이점을 가지고 있다. 가상현실은 특정 기기 또는 접속 경로를 통해서 접근해야 하며, 사용자를 제한하고 있고, 사용 시간도 교육을 위해 정해져 있는 것이 일반적인 형태이다. 그러나 메타버스는 온라인 공간에 현실세계를 연장할 수 있는 새로운 세상을 구축한 것이며, 사용자는 본인의 원하는 시간에 자유롭게 접속할 수 있다. 가상현실은 사용자가 화면상에 나타나지 않는 경우가 일반적이지만 메타버스는 아바타를 사용하며, 3인칭 시점에서 아바타를 드러내기도 하고, 1인칭 시점에서 드러내지 않기도 하는 특징을 가지고 있다. 이러한 몇 가지 차이점이 가상현실과 메타버스를 구분하는 중요한 기준이 되고 있다.

마지막으로 확장현실(eXtended Reality)은 현실세계와 가상세계를 결합한 형태의 기술을 의미한다. 예를 들면 증강현실과 가상현실 그리고 메타버스도 현실세계를 디지털 기술을 통해서 가상의 세계로 확장하기 때문에 확장현실의 범주 안에 포함되는 것이다(이요훈, 2021). 그러나 증강현실과 가상현실 그리고 메타버스와 확장현실의 차이점은 다중감각의 동시적 제공과 포괄성이다. 확장현실은 XR 글라스와 햅틱을 사용해서 시각과 청각 그리고 촉각을 제공하여 다중 감각을 경험할 수 있게 해준다. 이뿐 아니라 XR 글라스를 통해서 메타버스에서 다른 학생들과 협력적 활동을 할 수도 있고, 현실 세계에서 AR을 바로 사용할 수도 있으며, 가상현실로 접속해서 학습 활동을 할 수 있도록 하는 것이 가장 큰 특징이다. 이러한 XR을 기반으로 한 학습 활동은 최근에 기술이 발전되어 보급되고 있으며 교육적 효과에 대한 연구가 수행되고 있다.

3 학습공간의 개념

실감미디어에서 공간은 매우 중요한 의미를 가진다. 실감미디어는 모두 공간을 기반으로 표현되기 때문이다. 그 공간이 실제 세계인지, 가상의 세계인지가 다를 뿐 공간을 기반으로 한다는 것은 변하지 않는다. 이에 학습공간의 의미를 살펴보고, 실감미디어 유형에 따른 학습공간의 의미와 특징을 살펴보고자 한다.

학습공간의 의미를 살펴보기 전에 공간(空間, space)의 사전적 의미를 살펴보면 다음과 같다. ① 아무것도 없는 빈 곳, ② 물리적으로나 심리적으로 널리 퍼져 있는 범위, 어떤 물질이나 물체가 존재할 수 있거나 어떤 일이 일어날 수 있는 자리, ③ 영역이나 세계를 이르는 말로 정의하고 있다. 이와 같은 사전적인 의미를 고려할 때 공간은 무엇인가 채워져서 존재할 수 있고, 물리적이고 심리적인 사건이 일어날 수 있는 전제가 되는 것으로 이해할 수 있다. 결국 무엇인가가 일어나기 위해서 먼저 공간이 전제되어야 하는 것으로 이해할 수 있다. 이와 함께 공간은 물리적인 공간뿐만 아니라 심리적인 공간도 존재함을 알 수 있다. 사전적인 의미에서의 공간은 물리적 심리적 특성을 가지고 있는 것으로 이해할 수 있고, Schroer(2006)는 공간은 사람과 사람 사이에서 상호작용이 일어나는 사회적 의미를 가지고 있다고 제안하고 있다. 결론적으로 공간은 세상의 모든 현상의 기초로 해석할 수 있으며, 공간은 모든 현상들이 일어날 수 있는 토대로서의 의미를 가지고 있다.

그렇다면 학습공간의 의미는 무엇인가? OECD는 '학습공간(educational spaces)'을 장비와 시설을 포함하여 교수와 학습 그리고 교육과정을 지원하는 모든 물리적인 공간과 학습자와 교수자가 안전하고 편안하게 만나는 곳이며, 학습을 위한 자극을 줄 수 있는 모든 환경으로 정의하고 있다(이수영, 2020). 결론적으로 OECD에서 정의하는 학습공간은 교실이라는 물리적인 공간과 함께 교수자와 학습자가 만나는 모든 환경을 학습공간으로 정의하고 있다. 전통적인 관점에서 학습공간은 학교의 교실이라는 협의의 개념으로 인식되어 왔다면 앞으로는 학습을 위해서 또는 효과적인 학습을 위한 지원을 제공하기 위해 교수자와 학습자가 만나는 모든 곳을 학습공간으로 정의할 수 있다. 테크놀로지의 발전과 코로나 펜데믹으로 인해 교수자와 학습자가 만나는 공간은 디지털 기술을 기반으로 하는 온라인 공간으로 확대되었다. 이에 넓은 의미에서 학습공간은 온라인까지 확대되어야 한다. 따라서 학습공간의 정의는 협의로서 물리적 공간이 학교의 교실과 함께 광의로서 교수자와 학습자가 만나는 온라인 공간을 의미한다.

4   실감미디어에 따른 학습공간의 구분

학교의 교실이라는 물리적 학습공간은 다양성과 확장성에서 많은 제약을 받는다. 물리적으로 건축이 되어야 하며, 유지 보수 및 관리가 필요하기 때문이다. 그러나 실감미디어가 사용하는 학습공간은 증강현실을 제외한 대부분의 실감미디어가 디지털 기술을 기반으로 하기에 가상의 공간을 사용한다. 물리적 공간을 사용하는 증강현실은 사용할 수 있는 물리적 공간이 한정되어 있지 않다. 즉, 교과서가 될 수도 있고, 교실이 될 수도 있고, 문화재나 자연물 등 사용할 수 있는 물리적 공간은 크게 제한을 받지 않는다. 그래서 실감미디어가 사용하는 학습공간은 매우 다양하며, 확장에 크게 제한이 없는 것이 가장 큰 특징이다.

이러한 실감미디어의 학습공간은 공통점도 가지고 있지만 실감미디어의 유형에 따라 작은 차이점들을 가지고 있다. 〈표 2〉는 실감미디어의 유형에 따른 학습공간의 특징을 구분한 것이다. 이를 살펴보면 다음과 같다. 첫째, 증강현실은 앞서서 밝혔듯이 실제세계의 물리적 공간을 학습공간으로 사용한다. 그러나 학교의 교실이나 실험실 등 제한된 학습공간을 사용하는 것이 아닌, 주변에 존재하는 대부분의 물리적 공간을 학습공간으로 사용할 수 있는 것이 특징이다. 예를 들면 교과서에 실려 있는 이미지를 학습공간으로 사용할 수 있다. 교

표 2 실감미디어의 유형에 따른 학습공간

실감미디어	학습공간	주요 특징
증강현실(AR)	물리적 공간	물리적 공간을 사용하지만 다양한 공간을 제한 없이 사용할 수 있음.
가상현실(VR)	가상 공간	가상공간 사용으로 학습공간의 다양성과 확장이 확보됨. 가상현실을 이용할 수 있는 시설이 특정 물리적 공간에 있을 경우 이용이 제한됨.
메타버스	가상 공간	가상공간 사용으로 학습공간의 다양성과 확장이 확보됨. 학습공간의 제약이 매우 적음
확장현실(XR)	가상 공간 물리적 공간	물리적 공간과 가상의 공간을 모두 학습공간으로 사용함으로 학습공간의 제약이 매우 적음. 단 이용을 위한 디바이스(XR글라스)의 준비로 인해 제약이 발생함.

과서의 이미지에 3D 콘텐츠나 동영상을 입힌다면 이미지가 학습공간이 될 수 있다. 이와 함께 지역에 있는 문화재, 건축물, 자연환경, 시설, 학교 운동장 등을 모두 학습공간으로 사용할 수 있다. 이러한 증강현실의 특징은 학습공간으로 물리적 공간을 사용하지만 물리적 공간을 사용하는 것으로 인한 제한이 매우 적다는 것이 가장 큰 특징이다. 다만 증강현실을 실행시키기 위해서 정해진 학습공간으로 이동해야 한다는 제한점은 가지고 있다.

둘째, 가상현실과 메타버스는 현재 디지털 기술을 기초로 한 가상 공간을 학습공간으로 사용한다. 다만 가상현실은 학습공간이 특정 교실이나 컴퓨터실 또는 훈련시설 등으로 제한될 수 있다. 이와 같은 경우 가상현실은 다양한 학습공간을 개발하고, 확장하는 것에는 제한이 없지만 예를 들어 운전이나 작동을 연습할 수 있는 장치가 특정한 물리적 공간에 방문해야 이용할 수 있다면 학습공간을 이용하는 것에서 제한이 될 수 있다. 그러나 온라인에 학습공간을 구성하고, 학습자들이 다양한 디바이스를 이용해서 물리적인 공간의 제약 없이 사용할 수 있다면 학습공간에 의한 제한은 많은 경우 해소될 수 있다. 메타버스는 온라인을 기반으로 학습공간을 구축하기 때문에 사용자들이 접속만 할 수 있다면, 어디서든 사용할 수 있다. 그래서 접속가능한 물리적 공간에 대한 제한은 거의 없다. 또한 메타버스 안에서 다양한 학습공간들을 마련할 수 있으며, 여러 공간들은 확장하고 연계하는 것도 매우 자유롭기에 학습공간에 대한 제한이 적다. 최근 메타버스의 장점 때문에 교육에 적극적으로 활용하려는 모습들이 나타나고 있다.

마지막으로 확장현실은 가상의 공간과 물리적 공간 모두를 사용할 수 있다. 증강현실에서 사용하는 실제 공간과 가상현실에서 사용하는 가상의 공간을 모두 사용할 수 있기에 확장현실에서 학습공간의 제한은 매우 적은 것은 특징이며, 실감미디어 가운데 학습공간에서 가장 다양한 영역을 활용할 수 있다. 다만 확장현실의 경우 XR 글라스라는 특별한 디바이스를 사용해야 하는데, 기술의 발전과 디바이스 보급의 문제로 현재는 공간의 제한이 가장 많은 실감미디어라고 할 수 있다.

CHAPTER
04

메타버스를 활용한
K-MOOC의 확장

김민정_단국대학교 교직교육과

개요

변화하는 사회 구성원의 평생교육을 위해 무상 온라인 고등교육 서비스를 제공하고 있는 K-MOOC는 2014년 발족 이후에 양적으로 괄목할 만한 성장을 하고 있다. 그러나 여전히 콘텐츠 위주의 일방향적인 교육이 이루어지다 보니, 학습경험을 풍부하게 할 수 있는 상호작용이 부족하다는 제한점이 있다. 여기서는 이러한 제한점을 보완하기 위하여 K-MOOC에서도 메타버스의 활용을 고려해볼 수 있다는 점을 몇 개의 사례연구를 통해 소개한다. 해당 사례들을 통하여, K-MOOC에서 메타버스를 활용할 때 고려해야 하는 MOOC 교육의 특징과 메타버스의 주요 특징들을 논의하였다.

 K-MOOC의 현황과 과제

K-MOOC는 질 좋은 고등교육 수준의 평생교육을 국민에게 무상으로 제공하기 위하여 국내 다수 대학 및 기관의 질 좋은 콘텐츠를

표 1 K-MOOC의 양적 증대

구분		2015년	2021년
예산(백만원)		2,268	23,690
참여 기관 수		10	161
강좌 수(개)		27	1,358
학습자 이용 건수	방문	446,832	6,280,329
	회원가입	34,793	222,718
	수강 신청	55,559	567,680

발굴하고 제작을 지원하여 보급하고 있다. 2014년 10개의 선도대학의 선정을 시작으로 2023년 1월에는 1,879개의 강좌와 회원 가입자 수 116만 명, 수강 신청자 수는 281만 명에 이를 정도로 양적인 성장을 보인다. 2023년에도 500강좌 이상의 강좌를 증설하고, 15개의 선도대학을 선정하는 등 K-MOOC의 확장을 위해 다양한 노력을 하고 있다.

K-MOOC를 통해서 2021년 운영된 강좌의 학문 분야를 살펴보면(〈표 1〉 참조, 국가평생교육진흥원, 2022) 인문 계열이 360개 강좌로 가장 많았으며, 다음으로 사회계열이 340개 강좌로 많았는데, 이와 같은 결과는 평생교육 영역에서 전문적인 지식에 대한 요구도 있지만, 교양의 범위에 포함되는 인문과 사회에 대한 수요가 가장 많기 때문으로 판단된다. 최근 들어서는 4차 산업혁명 시대에 요구하는 교과목을 중심으로 정부가 분야 공모를 내는 등의 노력으로 사회가 요구하는 다양한 강좌를 포함하려 노력하고 있다.

K-MOOC는 일반 국민을 상대로 고등교육 영역의 원격교육을 무상으로 제공한다는 것이 가장 큰 특징이지만, 정규 교육과정에서도 그 역할을 하고 있다. 현재 K-MOOC의 개발과 활용은 기존 오프라

인 대학에서 가장 큰 규모로 강좌를 개발하고 보급하고 있다. 상황이 이렇다 보니, 각 대학은 이미 개발된 K-MOOC 강좌를 외부의 일반인들에게만 제공하는 것이 아니라 대학 내에서도 학점인정과 같은 다양한 방법을 통하여 교육과정으로 활발하게 활용하고자 하고 있다. 특히 코로나 팬데믹으로 온라인 교육에 대한 수요가 더욱 많아진 시기에는 이전보다, 다른 학교의 K-MOOC 강좌도 학점으로 인정하는 사례들이 늘어났다. K-MOOC는 교육부와 국가평생교육진흥원의 주관하에 운영되고 있어 대다수의 학습자는 K-MOOC를 인터넷 포털 사이트의 홍보를 통하여 접근하게 되었다고 하였다(36.2%). 그 밖에 이용자로부터의 추천은 16.7% 정도로 적음을 알 수 있다.

학습자들이 K-MOOC를 수강하는 장소로는 거주지의 책상이나 컴퓨터 앞이라는 반응이 74.1%로 절대적으로 높게 나타났는데, 모바일 학습이 가능함에도 여전히 PC 기반의 학습 환경이 학습에 많이 활용된 것은 학습자의 다수가 중장년층의 성인 학습자가 가장 많은 비중을 차지하고 있기 때문으로 보인다. 최근에는 10대와 20대뿐만 아니라 외국 학습자들의 K-MOOC 학습에로의 유입도 꾸준히 증가하는 추세이다.

이러한 양적 콘텐츠의 증대와 학습자 유입 수의 증가와는 달리, K-MOOC 강좌의 평균 이수율은 50% 미만 강좌가 90% 이상인 것으로 나타났다. 이러한 현상은 K-MOOC에만 있는 현상이라기보다는 전 세계적인 MOOC의 공통된 활용 경향이다. 학습자들이 처음부터 강좌를 완료할 목적으로 수강 신청을 하기보다는 탐색의 목적으로 강좌를 수강하는 경우도 많기 때문으로 보인다.

2 기존의 온라인 교육과 K-MOOC의 한계점

2000년대 들어 정보통신기술의 발달로 온라인 교육은 꾸준히 성장하고 있었지만, 코로나 팬데믹으로 인하여 이전에 볼 수 없었던 수준으로 폭발적인 성장을 하게 되었다. 2019년부터 약 3년간의 코로나 팬데믹은 대면 교육의 보조적 활용에 초점을 두던 과거의 온라인 교육을 전면 온라인 교육의 시대로 이끄는 촉진제가 되었다. 이를 계기로 학교 교육뿐만 아니라 사회 각계각층의 다양한 교육 장면에서는 온라인 교육의 가능성을 더 크게 인지하기 시작했다.

기존의 온라인 교육은 콘텐츠 위주의 수동적인 교육이라는 인식이 강했으나, 코로나 팬데믹 시기를 거치면서는 온라인 교육도 더욱 다양한 형태로 진화되는 경향을 보인다. 예를 들어, 콘텐츠 활용뿐만 아니라 과제 및 활동 중심 온라인 학습, 실시간 쌍방향 소통이 가능한 교육이 온라인 교육의 영역에서도 다양하게 활용되고 있다. 이러한 변화된 활용으로 부득이한 경우에는 온라인 교육으로 대면 교육을 어느 정도 대신할 수도 있다는 인식의 전환을 가져오게 되었다.

이처럼 온라인 교육은 코로나 팬데믹과 같이 예견하기 힘든 상황에서도 안전하게 학습을 가능하게 하고, 학습자가 원하는 시간과 장소에서 학습할 수 있게 한다는 것이 큰 장점으로 인식되고 있다. 예를 들어, 비실시간으로 진행되는 온라인의 경우에는 이해가 잘 안 되는 부분에 대해 무한 반복 학습이 가능하며 학습 수준이나 적성에 따라 선택적으로 학습할 수 있다는 점에서 기존 대면 교육이 가지는 단점도 보완할 수 있다고 인식되고 있다.

그러나 온라인 학습은 여전히 대면 교육과 비교하면 주의집중을 하기 힘들고, 학습자 참여 중심의 교수-학습이 어려우며 교수자 또는 다른 학습자와의 상호작용이 힘들다는 단점이 있다. 그리고 충분한 학습 지원이 이루어지지 않아, 학습자의 개별 과제 수행이 쉽지 않거나 물리적 환경의 장애로 인한 학습의 접근성이 가끔 위협을 받기도 한다는 점은 여전히 온라인 교육의 한계점으로 지적되고 있다.

온라인 교육의 대표적인 K-MOOC 교육의 장단점도 일반 온라인 교육과 크게 다르지 않다. 기존의 많은 온라인 교육이 콘텐츠 위주로 이루어진 것과 유사하게 K-MOOC의 교육도 주차별 교육 콘텐츠의 구성이 교수-학습의 주가 되어 있다.

MOOC 교육이 기존의 온라인 교육에 대해 가지는 차별성이라면, 비록 온라인 교육이지만 다양한 학습 활동을 지원 서비스를 제공한다는 점이다. 예를 들어, 콘텐츠만 보고 수동적으로 학습하는 것이 아니라 퀴즈, 과제, 토론, 시험 등의 다양한 학습활동을 운영하고 이 과정을 지원해주고 있다는 점이다. 그러나 실제 MOOC의 운영현황을 보면, MOOC의 이러한 속성에도 불구하고 현실적으로는 다양한 학습 경험과 이에 대한 지원이 충분하게 이루어지지 않고 그저 콘텐츠 중심의 교육으로 진행되고 있는 모습이 발견된다.

해외 MOOC의 경우, 일부 교과는 유료화 과정을 통해 다양한 학습 지원(과제 및 토론의 직접적인 지원)을 하는 형편이나, 일반 대중을 위한 무상 고등교육의 제공에 초점을 둔 K-MOOC의 접근에서는 이러한 직접적인 교수-학습 지원을 위한 장치가 부족한 것이 사실이다. 이러한 현상은 학습 지원 인력이나 재정이 부족해서라기보다는 현재 운영중인 플랫폼의 한계이기도 하다. 현재 사용 중인 플랫폼은 콘텐츠 위주의 학습이나 단순 시험 등에 최적화되어 있기 때문이다.

상황이 이렇다 보니, K-MOOC는 여전히 콘텐츠 위주의 교육이라는 인식이 많고, 일부 정부 지원을 받는 교과목도 조교 시스템 등을 통하여 학습을 지원하려고 하고 있지만, 규모가 큰 강좌일 경우 충분한 교수-학습 지원이 이루어지기는 쉽지 않다. K-MOOC에서 이루어지고 있는 학습 형태는 대부분이 온라인 콘텐츠 출석 학습, 이미 만들어진 퀴즈 활동, 객관식 중간 및 기말고사 등으로 평가가 이루어지는 경우가 많다. 가끔 학습자에게 토론을 비롯한 다양한 과제 제시가 이루어지기는 하나, 토론 참여 횟수에 대한 양적 채점이나 조교를 통한 간편 과제 채점이 평가의 주를 이루고 있어 학습자에게 충분하고 다양한 학습경험을 제공하기에는 현실적으로 부족한 부분이 많다.

이러한 이유로 K-MOOC를 통해 학습하는 학습자들은 혼자만 학습한다는 학습고립감을 느끼기 쉽고, 학습에 대한 꾸준한 동기 유지가 어려운 것이 사실이다. 이러한 요소들의 결과로 실제 K-MOOC 학습자들은 높은 중도탈락률을 보이고 있다.

이러한 내용은 실제 K-MOOC 플랫폼에 대한 만족도 설문에서도 나타나고 있는데(국가평생교육진흥원, 2022), 실제 학습자들은 동영상 중심의 강의 영상의 무제한 시청, 자막, 로그인 등에 대해서는 전반적으로 만족도가 높지만, 학습 지원이나 교수자와 다른 학습자와의 상호작용과 같은 직접적인 심층 학습경험에 대해서는 상대적으로 매우 낮은 만족도를 보이고 있다. 이와 같은 학습자의 반응은 콘텐츠 제시 중심의 플랫폼 이외에 K-MOOC에서도 교수자와 학습자의 상호작용이 좀 더 원활한 학습 환경이 구축되어 활용될 필요가 있음을 의미한다.

3 메타버스의 활용방안

기존의 온라인 환경은 학습자와의 실시간 상호작용이 쉽지 않고, 다양한 학습경험 제공하는 데 한계가 있었다. 이러한 온라인 교육의 한계점을 보완하기 위해 새롭게 등장하는 테크놀로지 기반의 환경을 활용해보려는 다양한 노력이 있는데, 그 대표적인 것이 메타버스의 활용이다.

메타버스는 실제와 유사한 학습맥락을 제공한다는 점과 그곳에서의 능동적 학습자의 참여를 유도하기 쉬운 환경이라는 점에서 새로운 교육환경으로서의 가능성이 있다. 가장 먼저 메타버스는 가상의 공간을 통해, 실제와 유사한 학습맥락을 제공하는 데 활용될 수 있다. 예를 들어, 외국인 대학생을 대상으로 한국어 교육을 한다고 가정할 때, 실제 상황과 유사한 가상의 공간을 꾸며놓고 물건 사기, 음식 주문하기 등을 교육한다면 학습자들은 다른 학습자들과 가상의 공간을 실제 상황과 유사하다고 느끼며, 서로 상호작용하며 실제처럼 한국어의 사용을 하게 될 것이다.

또 메타버스는 학습자의 능동적 참여를 통해 인지적, 사회적 실재감을 훨씬 유도하기 좋은 학습공간이라는 점이다. 메타버스에서는 단순히 어떠한 공간만 제공하는 것이 아니라, 본인이 직접 찾아다니고 참여하여 학습 활동을 해야 하고 그 과정에서 함께 학습하고 있는 교수자 및 학습자를 만나 능동적인 상호작용이 가능하도록 설계된 공간이므로 학습자의 흥미와 동기를 촉진하기에 적절하다는 것이 일반적인 연구의 결과이다(이승환, 2021; 이애화, 박원균, 박혜진, 2022). 또 수동적으로 강의에 참여하는 것이 아니라, 능동적인 학습활동 위주의 학습경험에 참여하다 보니, 그 과정에서 인지적 노력을 더 하게 되어 인지적 실재감이 증진되고, 다양한 참여자와의 상호작용을 통한 사회적 실재감도 증진될 수 있다(임태형, 류지헌, 정유선, 2022; 허지운, 2022).

우리는 앞에서 현재의 K-MOOC의 운영현황에서 학습자의 만족도가 가장 떨어지는 부분은 충분한 상호작용이나 실재적 학습경험이 아닌 콘텐츠 위주의 학습경험이라는 점을 확인하였다. 이러한 K-MOOC 학습의 운영은 장기적으로 다음과 같은 어려움에 봉착할 수 있다. 현재처럼 영상콘텐츠가 주로 강조되는 수동적 교육이 주가 되고 K-MOOC를 통해 다양한 학습경험을 제공하지 못한다면, K-MOOC는 기존의 다른 온라인 학습 서비스와 큰 차별성이 가지기 어려울 것이다.

현재 각기 다른 테크놀로지의 발전으로 공적 영역 및 사적 영역에서 테크놀로지 기반의 다양한 학습경험의 제공이 시도되고 있는데, 현재의 방식으로만 강의영상 위주의 K-MOOC를 지속해서 운영한다면 사회가 요구하는 수요와 혁신을 따라가기 힘들 것이다. 우리나라의 대표 평생학습 지원체제인 K-MOOC에서도 신기술 기반의 다양한 학습경험의 제공에 대한 시도와 그것의 효과를 판단하는 노력을 기울여야 한다.

메타버스에 관한 많은 선행연구는 메타버스는 정의적 영역에서 학습자의 흥미 수준을 높일 수 있고, 아바타를 통한 직접적 상호작용을 통해서 사회적 실재감을 향상할 수 있으며, 몰입감을 제공할 수 있다고 하였다(조현기, 2022; Javier, 2022). 그리고 사회적 제스처와 음성 메시지를 통해서 보다 고차원적인 상호작용이 가능하며, 이를 통해서 적극적인 상호작용 촉진과 인지 활동의 촉진도 가능하다고 하였다. 메타버스의 이러한 장점은 현재 온라인 수업이 가지고 있는 수동적 측면의 제한점들을 보완할 수 있는 요소로 평가된다.

K-MOOC에서도 해당 강좌를 가장 효과적으로 지원할 수 있는 다양한 방법의 하나로 메타버스를 활용하는 시도를 해보고, 이 활용결과를 토대로 앞으로의 K-MOOC 교육에서 메타버스를 효과적으로 활용하려면 어떠한 요소들을 고려해야 하는지를 논의해볼 필요가 있다. 다음 장에서는 이러한 취지에서 시도된 K-MOOC에서의 메타버스 활용 사례 몇 가지를 소개하고 관련 이슈에 대해 논의하고자 한다.

4 　메타버스 활용을 위한 고려 사항

현재의 K-MOOC의 운영 형태와 메타버스가 추구하는 학습을 위한 속성은 다르다는 점을 인식해야 한다. 〈그림 1〉에서 보는 바와 같이 K-MOOC는 비실시간 교육(콘텐츠를 중심으로 하는 교육)을 전제로 하고 학습자의 개별적 자기 주도적 학습을 최우선으로 하는 형태로 운영되어 왔다. 그렇지만 메타버스는 실시간 상호작용을 위한 학습상황을 위해 최적으로 개발 활용되고 있다. 그러므로 K-MOOC가 향후 지향하는 교육에서 메타버스의 활용을 고려한다면, 실시간 교육에 대해 어떠한 비전과 방향을 가지고 있는가에 대한 정립이 함께 필요하다.

먼저 MOOC 교육이 기존의 온라인 교육과 다른 점은 단순히 교육 콘텐츠를 제공하는 것이 아니라, 대면 교육처럼 학습을 위한 다양한 지원이 이루어진다는 점이다. 이러한 특성이 현재 K-MOOC에서는 많이 약화되어 운영되고 있는데, 대면 교육처럼 학습지원을 하는 교육 서비스라는 K-MOOC 교육의 특성을 살려 메타버스 환경을 활용할 필요가 있다.

K-MOOC에서 메타버스를 활용하기 위해서는 그것의 활용에 적절한 K-MOOC의 교과가 필요하다. 기존의 K-MOOC 강좌는 내용 전달 및 이해 위주의 강의식 콘텐츠가 대부분인데, 메타버스 학습환경은 다양한 체험과 상호작용이 필요한 강좌에 더 적절하다. 특히 몰입형 장비와 같이 고기능 장비를 활용하는 수준의 메타버스를 활용하기에는 현재의 K-MOOC 대다수 교과는 적절하지 않다고 판단되었다. 메타버스의 활용이 요구되는 교과라고 하면 다음과 같은 속성을 지닌 K-MOOC의 교과로 판단된다.

- 기존 K-MOOC 교과 중 충분한 상호작용이 필요한데도 불구하고 이를 충분히 지원하지 못한 교과
- 교과의 특성상, 동료학습자와의 상호작용을 통한 시너지를 낼

그림 1 K-MOOC와 메타버스의 교육비중

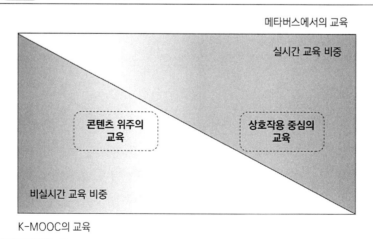

메타버스에서의 교육

실시간 교육 비중

콘텐츠 위주의 교육

상호작용 중심의 교육

비실시간 교육 비중

K-MOOC의 교육

수 있는 교과

- 교수자나 조교 등 수업 운영자와의 실시간 교류가 필요한 교과
- 과제나 프로젝트 수행에서 타인과의 협업이 강조되는 교과
- 평면적인 강의내용 제시로만 충분히 내용이해가 쉽지 않아 기술을 활용한 시뮬레이션 등이 필요한 교과
- 실시간 협업 플랫폼이 필요한 교과

메타버스에서 운영되는 교과를 수강하는 학습자에게는 메타버스 환경에 충분히 적응할 수 있도록 메타버스 활용에 대한 맞춤형 지원 전략이 따라야 한다. 수강 전에 교과의 특성, 교과에서 이루어지는 메타버스 활동에 대한 충분한 사전 안내 제공이 필요하고, 특별한 메타버스 플랫폼의 설치나 장비의 사용이 필요한 경우는 교과 수강을 위한 사전교육 세션뿐만 아니라 교육 진행 중 언제나 도움을 줄 수 있는 지원 센터를 두고 있어야 한다. 또한 사용법에 대한 전체 수강생을 대상으로 하는 공식적인 사전교육, 매뉴얼 제공뿐만 아니라 도움이 필요한 개별 학습자를 지원하기 위한 멘토 지원 등의 맞춤형 지원이 필요하다.

K-MOOC에서의 메타버스의 공간적 활용은 강좌수강 이외의 다양한 경험의 장으로서의 활용도 가능할 것이다. 학습자들은 K-MOOC에서 메타버스를 활용한다면, 특정 과정만을 수강하기를 원하는 것이 아니라, 가상의 물리적 공간을 통하여 인접한 다른 교과도 둘러보고 그곳에서 열리는 다양한 행사에도 참여하여 다양한 체험을 하기를 기대하고 있었다. 이러한 아이디어는 현재 K-MOOC 플랫폼이 가지고 있는 한계점을 극복하는 하나의 대안이 될 수 있다.

현재 K-MOOC 플랫폼은 내가 수강하는 강좌 위주로 입장이 가능하여 인접한 강좌나 기타 K-MOOC 관련 행사나 정보를 의도적으로 검색하여 찾지 않으면 알 수 없는 평면적 구조인데, 가상공간에서 입체적으로 강좌나 행사의 제공이 이루어지면 인접 강좌 및 관련 행사에 대한 접근성이 훨씬 커질 것이다.

메타버스 환경은 단순한 학습공간이 아니라 하나의 생활 경험의 장이어야 한다. 이런 관점에서 메타버스에서의 과정 이수는 단순히 하나의 학습으로만 그치는 것이 아니고, 나아가 그 학습경험을 가지고 커리어 매칭 등에도 활용되도록 활용할 필요가 있다. 메타버스는 일반적 LMS와 다르게 라이프로깅 데이터를 축적하는 환경이다. 그러므로 학습에 관한 정보, 그 이외의 다양한 경험에 대한 정보가 축적되어 그것이 커리어 등과 매칭이 될 수 있는 경험의 장으로 연결될 수 있도록 구축해야 한다.

memo

PART

II

메타버스의 설계원리

CHAPTER

05

실감미디어 학습공간의
설계원리

이은철_백석대학교 사범학부

개요

실감미디어에서 학습공간을 설계하기 위해서는 사용자의 지각수준과 상호작용 형태 등을 고려해서 현전감, 상호작용, 어포던스를 반영해야 한다. 여기에서는 각 요인별로 어떤 것들을 반영해서 학습공간을 설계해야 하는지를 제시하였다. 실감미디어 유형에 따라서 학습공간을 설계하기 위해 고려해야 할 요인들이 달라지게 된다. 실감미디어의 특성을 반영한 학습공간 설계원리를 살펴보고 또한 증강현실, 가상현실, 메타버스, 확장현실에 따라서 학습공간의 특징이 어떻게 달라지는가를 설명했다. 끝으로 실감미디어에 따른 학습자의 지각수준, 상호작용 방법, 사용자의 경험방식이 어떻게 달라지는가를 비교했다.

1 학습공간의 설계요인

실감미디어 학습공간 설계의 원리는 현전감, 상호작용, 어포던스를 제시할 수 있다. 현전감은 가상현실을 사용한 교육에 있어서 가장

그림 1 학습공간 설계를 위한 요인

중요한 요소이다. 그 이유는 현전감은 가상현실의 이용자가 가상세계에 자신이 실제로 있다고 느끼는 감각으로서 가상세계에서 지각되어지는 모든 것을 자신과 일치시키는 감각을 의미한다. 현전감은 신체운동적 표상을 인식하여 발전하여서 정서적 상태에서의 존재감까지 이르게 된다. 따라서 실감미디어에 현전감이 높을수록 사용자는 가상세계에서 수행되는 모든 행동들에 대해 높은 실재감을 가지게 되어 학습의 효과가 높아지게 된다. 현전감의 구성요소는 개인, 환경, 사회적 요소로 3개의 요소로 구성되어 있다(장효진, 2022).

2 실감미디어의 현전감

현전감은 실감미디어 공간설계에 있어서 가장 중요한 요인이다. 현전감을 높이기 위해서 다음이 고려되어야 한다. ① 개인적 요소를 고려하여 실제 세계와의 유사성을 높여야 한다. 현재 실감미디어에서 제공할 수 있는 감각은 시각과 청각, 촉각, 방향성이다. 학습공간을 설계할 때, 현실 세계에서 지각할 수 있는 감각적인 요소의 실제성을 최대한 높여야 한다. 이와 함께 실제세계의 감각 정보와의 질적 수준을 최대한 일치시켜야 하며, 사용자가 최대한 실제세계와 동일하게 지각하도록 하는 것이 매우 중요하다.

② 환경적 요소를 고려하여 사용자가 감각정보에 대한 통제권을 가질 수 있도록 해야 한다. 실제세계에서는 완벽하게 차단할 수는 없지만 자신의 의지에 의해서 감각 정보를 차단하기도 하며, 현전감의 환경적 요소를 높이기 위해서 감각적 변화에 대한 능력을 부여해야 한다. 이와 함께 사용자가 가상세계의 환경을 변화시킬 수 있는 권한을 일부 부여해야 한다. 사용자에게 전체적인 환경의 변화에 대한 권한을 부여한다면 학습공간이 교육 의도에 어긋나게 조성될 수 있기 때문에 모든 권한을 부여해서는 안 되지만 일부 공간에 대해서 사용자에게 환경 변화에 대한 권한을 부여하는 것이 필요하다. 이와 함께 기술적으로 입력과 출력의 속도와 일치성을 높일 필요가 있으며, 학습자의 디바이스에 따라서 입력과 출력의 속도가 달라지는 시스템은 사용을 주의해야 한다.

③ 사회적 요소를 고려해서 가상의 진행 인물들을 배치할 때는 게임에서의 NPC(Non Player Character)와 동일한 느낌은 안 된다. 실제로 존재하는 인물이나 실재감이 높은 인물로 구성해서 배치하는 것이 필요하다. 이와 함께 다른 사용자와의 적극적인 협업이 가능한 환경을 구성하고, 별도의 공간을 마련해야 한다.

3 학습공간에서의 상호작용

두 번째 설계 원리는 상호작용이다. 상호작용은 온라인 교육의 효과를 예측하는 매우 중요한 변인이며, 상호작용의 수준이 높을수록 온라인 교육의 효과가 높아지는 것으로 보고되고 있다. 상호작용 수준은 온라인 교육 콘텐츠(강의형, 프로젝트형)나 방법(실시간, 비실시간)과 무관하게 학습 결과를 예측하는 데 매우 중요한 요소라고 할 수 있다(정광희 외, 2017). 이에 온라인 공간을 사용하는 실감미디어의 학습공간 설계 원리로 적합하다고 판단된다. 상호작용은 교수자와 학습자, 학습자와 학습자, 학습자와 학습자료로 크게 세 가지로 구분한다.

상호작용은 학습공간을 설계할 때, 매우 주요하게 고려되어야 한다. 실감미디어 학습공간에서 상호작용이 촉진될 수 있는 공간 설계는 학습의 성과에 매우 주요한 영향을 미치기 때문이다. 이에 설계 원리들을 살펴보면 다음과 같다. ① 교수자와 학습자의 상호작용이 촉진될 수 있는 환경을 구성해야 한다. 학습자와 교수자가 실시간 및 비실시간으로 소통할 수 있는 환경을 구성해야 하며, 특별히 교수자와 학습자의 상호작용이 가능한 학습공간을 별도로 구성해야 한다.

② 학습자와 학습자의 상호작용이 촉진될 수 있는 공간을 제공해야 한다. 학습자들만 사용할 수 있는 특별한 공간을 제공해야 하며, 이 공간에서는 학습자들 간의 편안한 상호작용을 할 수 있어야 한다. 이와 함께 학습자들이 심리적 안정을 취할 수 있는 공간을 제공해서 그곳에서 관계적으로 깊이 있는 상호작용이 이루어질 수 있도록 해야 한다. ③ 학습자와 학습자료가 상호작용할 수 있는 학습공간이 마련되어야 한다. 예를 들면 도서관이나 학습자료실을 별도

의 공간으로 마련하여 학습자들이 필요할 때 언제든지 학습자료와 상호작용할 수 있도록 해야 한다. 특별히 학습자료가 시뮬레이션의 형태라면 학습자가 필요로 할 때는 언제 어디서나 활용할 수 있도록 설계해야 한다.

4 사용자 경험을 위한 어포던스

　세 번째 설계원리는 어포던스(Affordance)이다. 어포던스의 의미는 '어떠한 행동을 유도한다'라는 의미로 워드프로세서나 편집 프로그램에서 디스켓 모양의 아이콘을 보면 누구나 저장의 기능이 수행될 것을 알고 디스켓 모양의 아이콘을 클릭하는 것이며, 작업이 완료된 것을 인쇄하고자 할 때는 프린터 모양의 아이콘을 클릭하는 것이 어포던스의 대표적인 예라고 할 수 있다. 이러한 어포던스는 이러닝에서 주목을 받았던 개념이다. 이러닝에서 학습을 위한 LMS를 구성할 때 UX(user experience)를 위해서 어포던스를 적용하는 것에 대한 다수의 연구가 수행되었다. LMS에서 어포던스를 고려하지 않았을 때 UX에서 문제가 발생하여 학습과 무관하게 시스템을 이용하기 위해서 인지부하가 발생하고, 학습자들이 학습 결과가 저해되는 것으로 보고되고 있다. 이에 새로운 학습환경을 사용할 때 UX를 위해서 어포던스의 적용은 매우 중요한 요소라고 할 수 있다. 이에 실감미디어도 새로운 학습 환경과 공간을 제공하기 때문에 UX의 문제로 인해서 인지부하가 발생할 수 있으며, 이를 예방하기 위해서 어포던스는 중요하게 고려되어야 할 요소라고 판단된다. 어포던스는 크게 인지적, 물리적, 감각적 어포던스로 구분한다(송지성, 강송희, 2020).

어포던스는 실감미디어의 학습공간의 설계에 매우 중요한 시사점을 준다. 이에 그 원리를 제안하면 다음과 같다. ① 인지적 어포던스를 고려해서 가상의 세계에 제시되는 모든 객체들은 의미가 명확해야 한다. 교육 및 학습과 관련이 없이 무의미한 객체나 배경을 제시하는 것은 바람직하지 않다. 만약에 학습자들의 휴식과 심리적 긴장의 이완을 위해서 공간을 제공한다면 학습 공간과 구분해서 제공해야한다. 휴식의 공간에서도 휴식 및 심리적 긴장 이완에 대한 의미가충분한 배경과 객체를 제공해야 한다.

② 물리적 어포던스를 고려하면 객체가 너무 급격하게 나타나거나 다가오는 등의 접근으로 사용자가 긴장감을 느끼도록 해서는 안된다. 적당한 속도로 접근을 하도록 해야 하며, 객체의 크기가 너무크거나 작아서도 안 된다. 그리고 동일한 기능을 하거나 동일한 의미를 가진 객체들은 가능하면 일관성이 있는 외형을 유지하도록 하는것이 필요하다.

③ 감각적 어포던스를 고려해서 색상과 그림자의 효과를 적절하게 사용하여 가시성을 높여야 한다. 실제성을 높이는 것이 좋으며, 색상의 대비를 고려해서 배경과 객체를 디자인해야 한다. 공간의 색상은 목적에 따라서 주요 색상, 색조, 명도 등을 조정해야 한다.

 5 실감미디어 학습공간의 설계전략

실감미디어 학습공간의 설계 원리를 적용하여 실감미디어의 유

표 1 증강현실 학습공간 설계 전략

설계 원리	설계 전략
현전감 - ① 실제 세계와의 유사성 향상	• 객체는 배경이 되는 실제 세계와 최대한 유사하게 만들어야 함. • 객체의 실제성을 높임.
상호작용 - ③ 학습자-학습자료 상호작용	• 객체로 제시된 디지털 콘텐츠는 학습자와 상호작용을 가능하게 함.
어포던스 - ① 배경이 되는 실제 세계와의 의미 일치 ③ 주요 색상과 색조, 명도의 조정	• 디지털 객체는 배경이 가지고 있는 의미와 일치해야 함. • 객체가 가지고 있는 의미는 명확해야 하며, 충분해야 함. • 배경과 객체의 색상의 대비가 분명해서 최대한 가시성을 높여야 함. • 배경과 객체의 명도 대비를 적절하게 해서 사용자들의 시선이 한 곳에 너무 집중되어서는 안 됨.

형에 따른 설계 전략을 제안하고자 한다. 먼저 증강현실의 학습공간 설계 전략은 현전감의 실제 세계와의 유사성 향상 원리와 상호작용의 학습자와 학습자료의 상호작용 원리 어포던스의 배경이 되는 실제세계와의 의미 일치와 주요 색생과 색조, 명도의 조정 원리를 적용하였다. 구체적인 전략은 〈표 1〉과 같다.

둘째, 가상현실의 학습공간 설계 전략은 현전감의 실제세계와의 유사성 향상, 감각 정보의 통제권 제공, 실제성 높은 인물 구성의 원리를 적용하고, 상호작용의 교수자−학습자 상호작용, 학습자−학습자료 상호작용 원리를 적용하고, 어포던스의 의미의 명확성, 객체의 위치 및 외형의 일관성, 새상과 색조, 명도의 적절함을 통한 가시성 확보 원리를 적용하였다. 구체적인 전략은 〈표 2〉와 같다.

셋째, 메타버스의 학습공간 설계 전략은 현전감의 실제세계와의 유사성 향상, 감각 정보의 통제권 제공 및 환경의 재구성 권한 부여 그리고 입력과 출력 속도의 확보, 실제성 높은 인물 구성의 원리를

표 2 가상현실 학습공간 설계 전략

설계 원리	설계 전략
현전감- ① 실제 세계와의 유사성 향상 ② 감각 정보의 통제권 제공 ③ 실제성 높은 인물 구성	• 가상 현실의 배경을 구성할 때 실제 세계와 동일하게 구성해야 함. • 가상 현실에서 경험하는 감각은 현실 세계에서 느낄 수 있는 감각과 최대한 동일하게 제공해야 함. • 공간의 구조는 실제세계가 가지고 있는 구조를 그대로 재현함. • 사용자가 필요에 따라서 시각, 청각, 촉각 및 방향에 대해 차단할 수 있는 권한을 제공해야 함. • 가상 현실에 학습을 지원할 인물을 배치할 때, 최대한 실제 인물과 동일한 인물을 배치해야 하며, 친밀감이 없는 인물을 배치하지 않음. • 배치할 수 있는 실제 인물 모델이 없는 경우 중립적 의미를 가지는 로봇이나 인공지능 인물 등을 배치함.
상호작용- ① 교수자-학습자 상호작용 ③ 학습자-학습자료 상호작용	• 가상 현실 학습공간에서 교수자와의 상호작용이 가능한 공간을 만들어야 함. 교수자에게 질문을 할 수 있는 게시판 또는 호출 버튼 또는 교수자가 대기하고 있는 상담실 등을 구성함. • 학습자와 학습자료가 상호작용할 수 있는 공간을 마련해야 함. 가상 현실 내에 도서관이나 자료실 등을 마련하여 학습자가 필요에 의해서 수시로 학습자료를 열람할 수 있도록 지원함.
어포던스- ① 의미의 명확성 ② 객체의 위치 및 외형의 일관성 ③ 색상과 색조, 명도의 적절함을 통한 가시성 확보	• 가상 현실은 배경과 객체 모두 가상의 세계에 존재하기 때문에 배경과 객체 그리고 배경에 배치되는 모든 요소들이 의미의 명확성을 가져야 한다. 단순한 디자인 또는 멋을 추구하기 위해서 교육 및 학습과 관련이 없는 요소들을 배치해서는 안 되며, 모든 요소들이 학습의 목표와 목적에 부합되어야 함. • 가상의 세계에 객체와 요소들을 배치할 때 기능과 의미에 따라 외형의 일관성을 유지해야 함. 예를 들어 사용자가 처음 만나는 스캐폴딩의 요소로 사용되는 객체가 녹색으로 디자인된 서적이었다면 다음에 스캐폴딩을 지원하는 요소도 녹색 계열을 사용하고, 서적 또는 인쇄물, 메시지를 전달하는 매체의 외형으로 디자인하여 일관성을 유지해야 함. • 배경과 객체의 색상의 대비가 분명해서 최대한 가시성을 높여야 함. • 배경과 객체의 명도 대비를 적절하게 해서 사용자들의 시선이 한 곳에 너무 집중되어서는 안 됨.

적용하고, 상호작용의 교수자－학습자 상호작용, 학습자－학습자 상호작용, 학습자－학습자료 상호작용을 적용하였고, 어포던스의 의미의 명확성, 객체의 위치 및 외형의 일관성, 색상과 색조, 명도의 적

표 3 메타버스 학습공간 설계 전략

설계 원리	설계 전략
현전감- ① 실제 세계와의 유사성 향상 ② 감각 정보의 통제권 제공 및 환경의 재구성 권한 부여 그리고 입력과 출력 속도의 확보 ③ 실제성 높은 인물 구성	• 메타버스의 배경을 구성할 때 실제세계와 동일하게 구성해야 함. • 메타버스에서 경험하는 감각은 현실세계에서 느낄 수 있는 감각과 최대한 동일하게 제공해야 함. • 공간의 구조는 실제세계가 가지고 있는 구조를 그대로 재현함.
	• 사용자가 필요에 따라서 시각, 청각, 촉각 및 방향에 대해 차단할 수 있는 권한을 제공해야 함. • 특정 공간은 학습자들이 다양하게 구성할 수 있도록 환경의 재구성 권한을 부여함. 토론실 또는 휴게실을 마련하여 학습자들의 요구를 반영하여 환경을 재구성할 수 있도록 지원함. • 메타버스의 경우 다양한 공간을 구성할 수 있음. 공간과 공간을 도보로 이동할 수 있고, 메뉴를 통해서 바로 이동이 가능함. 메뉴로 이동을 할 때, 입력과 출력의 속도를 고려해야 함. 사용하는 디바이스의 사양에 따라 메뉴 이동이 느릴 경우 도보를 통해서 이동하도록 설계해야 함.
	• 메타버스에 학습을 지원할 인물을 배치할 때, 최대한 실제 인물과 동일한 인물을 배치해야 하며, 친밀감이 없는 인물을 배치하지 않음. • 배치할 수 있는 실제 인물 모델이 없는 경우 중성적 의미를 가지는 로봇이나 인공지능 인물 등을 배치함.
상호작용- ① 교수자-학습자 상호작용 ② 학습자-학습자 상호작용 ③ 학습자-학습자료 상호작용	• 메타버스 학습공간에서 교수자와의 상호작용이 가능한 공간을 만들어야 함. 교수자가 일정한 시간에 대기하고 있는 상담실을 구성함. • 교수자에게 질문을 할 수 있는 게시판 또는 칠판을 배치함. 그곳에 교수자에게 메시지를 작성하여 비실시간 상호작용이 가능하도록 함.
	• 메타버스의 가장 큰 장점은 상호작용을 촉진할 수 있는 기능을 가지고 있는 것임. 학습자와 학습자가 상호작용할 수 있는 별도의 공간을 마련함. 친밀감을 형성할 수 있는 휴게 공간을 제공하고, 토론을 할 수 있는 공간을 제공함. • 학습자와 학습자 사이에 비실시간 상호작용을 할 수 있는 게시판 또는 칠판을 설치하고, 편지함을 배치하여 메시지를 주고 받을 수 있도록 지원함.
	• 학습자와 학습자료가 상호작용할 수 있는 공간을 마련해야 함. 메타버스 내에 도서관이나 자료실 등을 마련하여 학습자가 필요에 의해서 수시로 학습자료를 열람할 수 있도록 지원함.
어포던스- ① 의미의 명확성 ② 객체의 위치 및 외형의 일	• 메타버스는 배경과 객체 모두 가상의 세계에 존재하기 때문에 배경과 객체 그리고 배경에 배치되는 모든 요소들의 의미가 명료해야 함. • 공간의 구조는 수업의 방법과 일치하도록 함. 강의형 수업을 진행할 때는 책상을 일자형 배치를 하고, 토론 및 협력활동 중심의 수업을 할 때

설계 원리	설계 전략
③ 관성 색상과 색조, 명도의 적절함을 통한 가시성 확보	는 원형 책상을 배치하는 디자인을 함.
	• 메타버스에 객체와 요소들을 배치할 때 기능과 의미에 따라 외형의 일관성을 유지해야 함.
	• 배경과 객체의 색상의 대비가 분명해서 최대한 가시성을 높여야 함.
	• 배경과 객체의 명도 대비를 적절하게 해서 사용자들의 시선이 한 곳에 너무 집중되어서는 안 됨.

절함을 통한 가시성 확보 원리를 적용하였다. 구체적인 전략은 〈표 3〉과 같다.

마지막으로 확장현실의 학습공간 설계 전략은 현전감의 실제 세계와의 유사성 향상 원리를 적용하고, 상호작용의 교수자－학습자 상호작용, 학습자－학습자 상호작용, 학습자－학습자료 상호작용 원리를 적용하고, 어포던스의 배경이 되는 실제 세계와의 의미 일치, 주요 색상과 색조, 명도의 조정 원리를 적용하였다. 구체적인 전략은 〈표 4〉와 같다.

표 4 확장현실 학습공간 설계 전략

설계 원리	설계 전략
현전감-① 실제 세계와의 유사성 향상	• 객체는 배경이 되는 실제 세계와 최대한 유사하게 만들어야 함. • 객체의 실제성을 높임
상호작용-① 교수자-학습자 상호작용 ② 학습자－학습자 상호작용 ③ 학습자-학습자료 상호작용	• 동일한 물리적 공간에 있는 학습자는 교수자와 직접적으로 상호작용을 요청하여 대화를 할 수 있지만 원거리에서 가상의 공간에 아바타로 접속한 학생들은 교수자에게 직접적으로 상호작용을 요청할 수 없음. 이를 보완하기 위해 호출 버튼이나 호출을 위한 기능을 구성함.
	• 원격으로 가상의 공간에서 다른 학습자와의 상호작용을 지원하기 위해서 일대일 대화 기능과 일대다 대화 기능 그리고 다대다 대화 기능이 제공되어야 함.
	• 객체로 제시된 디지털 콘텐츠는 학습자와 상호작용을 가능하게 함.

설계 원리	설계 전략
어포던스- ① 배경이 되는 실제 　세계와의 의미 일치 ③ 주요 색상과 색조, 　명도의 조정	• 디지털 객체는 배경이 가지고 있는 의미와 일치해야 함. • 객체가 가지고 있는 의미는 명확해야 하며, 충분해야 함. • 배경과 객체의 색상의 대비가 분명해서 최대한 가시성을 높여야 함. • 배경과 객체의 명도 대비를 적절하게 해서 사용자들의 시선이 한 　곳에 너무 집중되어서는 안 됨.

메타버스에서의 아바타 설계

임태형_전남대학교 교육문제연구소

개요

메타버스가 기존의 온라인 플랫폼과 대비되는 가장 큰 특징 중의 하나는 '아바타(avatar)'를 활용한다는 점이다. 아바타는 단순히 프로필 사진과 같은 정적 이미지(static image)가 아닌, 나의 정체성(identity)을 부여하며, 내가 조작하는 대로 가상 세계와 상호작용하는 또 다른 나의 자아이다. 실제의 나로부터 정체성을 부여받은 아바타는 가상성(virtuality)과 익명성(anonymity)을 확보한 상태로 가상세계를 살아가게 된다. 메타버스를 학습환경에 적용했을 때, 과연 교육적으로 어떤 함의점이 있을까? 특히, 청소년의 특징을 고려했을 때 온라인 정체성 및 아바타를 어떻게 규정하고 접근해야 하는가에 대한 논의를 제시했다.

 아바타와 정체성

아바타(Avatar)의 어원은 산스크리트어이며 '아바'(아래로)와 '트리'(건너다)로 구성되어있다. 따라서 '내려오다', '화신(化身)하다'와 같은 의미를 가지게 된다. 화신의 의미는 신이 지구로 내려올 때 인간의 형상으로 바꾸어 나타나는 것을 지칭한다. 이처럼 아바타는 매우 다양한 분야에서 활용되는 용어인데, 우리가 가상현실이나 메타버스에서 아바타를 언급할 때는 가상현실 속 사용자를 대리하는 캐릭터를 의미하게 된다.

대중에게 '아바타'란 용어가 친숙해진 계기는 제임스 카메론 감독의 영화 〈아바타, 2009〉가 큰 역할을 했을 것이다. 3D 영상기술적으로 당시 굉장한 혁신이었으며, 대중에게 아바타라는 용어를 크게 각인시켰다. 영화 속의 주인공 제이크 설리(Jake Sully)는 해병대 출신으로 다리를 다친 상이군인이다. 그는 아바타 프로젝트를 통해 외계 종족인 나비종족의 형상을 한 아바타가 되어 이야기를 진행하게 된다.

종교 신화적인 의미에서 아바타는 신이 인간의 형상으로 내려오는 화신을 의미하지만, 이를 모티프로 한 수많은 영화, 게임, 드라마 등의 매체에서는 본체를 대리하는 가상의 무엇인가를 의미하게 되었다. 보다 구체화된 것은 1985년 리처드 개리엇이 개발한 '울티마4: 아바타의 길(Ultima Ⅳ: Quest of Avatar)'이라는 비디오게임에서 그 원류를 찾을 수 있다. 게임 내 사용자의 '분신(分身)'이라는 차원에서 게임 캐릭터를 의미하는 용어로 자리잡게 되었다.

1985년 이후, 1997년 '울티마 온라인(Ultima Online)'이라는 게임으로 인해 온라인 MMORPG(Massively Multiplayer Online Role-Playing Game: 대규모 다중 사용자 온라인 역할 수행 게임)의 시대가 열렸으며, 2000년대 초반 월드오브워크래프트(World of Warcraft), 리니지(Lineage) 등의 게임들이 폭발적인 대중의 인기를 얻으며, 온라인 가상세계와 아바타는 많은 게이머들에게 매우 친숙한 존재가 되었다.

그로부터 20년이 흘렀다. 가상세계를 의미하는 메타버스(Metaverse)는 COVID-19 팬데믹과 함께 재주목을 받았으며, 이제는 소수의 게이 머 그룹이 아닌 전세계 모든 사람들이 가상세계와 아바타를 체험하게 된 시대가 열린 것이다.

1997년 울티마 온라인은 MMORPG의 효시격인 게임이다. MMORPG가 의미하는 대로, 다수의 사용자들이 실시간으로 모여서 다양한 역할을 수행하게 된다. 중세판타지를 배경으로 한 게임들은 '직업(class)'에 따라 역할을 부여받게 된다. 근접전투를 담당하는 전사 (warrior), 마법을 담당하는 마법사(wizard), 아군을 치유하는 성직자 (priest) 등이 그것이며, 사용자들은 자신의 취향에 따라 직업을 선택 하고 역할을 수행하게 된다.

비단 온라인 게임뿐만 아니라, 인터넷 테크놀로지 시대가 열리 면서 우리는 온라인에서의 또 다른 '나'를 만들어야 했다. 온라인 사 용자 이름을 나타내는 '아이디(id)'는 'identifier'를 의미한다. 또한 정 체성을 뜻하는 영단어인 'identity'가 있다. 이는 어원적으로 라틴어 'idem'이라는 단어에서 시작되는데, '같은'이라는 의미를 지닌다.

채팅 등 텍스트 기반의 사용자 상호작용에서는 유저 아이디 외 에 별칭(nickname)이 정체성을 드러낼 수 있는 가장 중요한 수단이 된 다. 인터넷이라는 환경의 특수성인 익명성(anonymity)을 기반으로 하 여 우리는 자연스럽게 자신의 정체성을 자신의 온라인 별칭에 반영한 다. 필자는 결혼 전에는 가사(lyrics)쓰는 것을 좋아하여 서정시인 (Lyricist)을 항상 별칭으로 삼았으나, 결혼 후에는 가장(家長)의 정체성 을 반영하여 '수호아빠'라는 별칭을 온라인에서 쓰고 있다.

텍스트 기반을 넘어 이미지가 통합된 가상공간에서야 비로소 사용자들은 자신을 나타낼 수 있는 '캐릭터'를 생성하게 된다. 과거 2000년대 초중반 유행했던 국산 소셜미디어인 싸이월드(Cyworld)에서 우리는 '미니미'라는 작은 캐릭터를 꾸몄던 적이 있다. 자신을 대리하는 가상의 캐릭터에게 우리는 무의식적으로 많은 것을 반영하려 한다. 그리고 많은 것을 투자하려 한다. 온라인 게임 캐릭터를 커스터마이징(customizing) 하는 데만 수십 시간을 투자하고, 온라인 게임 캐릭터에 의상을 맞추는 데 수백 만원을 투자하기도 한다.

이러한 현상은 소수의 사례가 아니다. 2018년 네이버가 개발한 소셜형 메타버스 제페토(ZEPETO)의 주요 수익모델은 게임 내 캐릭터를 꾸미는 데 필요한 다양한 패션 아이템을 제공하고, 이를 사용자가 직접 구매해야 되는 시스템이다. 남녀노소를 막론하고, 나를 대리하는 '무언가'에게 투자하는 인간의 욕망은 어쩌면 당연한 기제처럼 보인다. 누군가는 게임캐릭터에 몇 백 만원을 투자하고, 누군가는 자동차를 튜닝하는 데 몇 천 만원을 투자한다. 이러한 행태는 누군가에겐 부질없어 보일 수도 있으나, 다른 누군가에겐 지극히 당연한 것처럼 여겨질 수 있다. 핵심은 이러한 행태 모두 인간이 자신의 정체성을 드러내는 수단이라는 것이다.

2 메타버스 아바타의 가상성

아바타 가상성(virtuality)이란 나를 대리하는 아바타가 가상의 그 어떤 존재도 될 수 있다는 것을 함축하고 있다. 현실의 나는 30대 후반의 남성이지만, 가상의 아바타를 굳이 30대 남성의 아바타로 만들어야만 하는 강제성은 존재하지 않는다. 실제로 수년간 플레이해온 유명 MMORPG 월드오브워크래프트에서 나의 캐릭터들의 성별은 모두 여성이었다.

수년간 미주(US) 서버 어느 길드(guild) 소속으로 레이드(raid) 공격대 활동을 하였다. 필자의 유저이름이 여성스럽고 캐릭터가 여성인 탓에, 초반에는 여성 유저냐는 질문을 많이 받았다. 물론 그런 질문을 받을 때마다 30대 남성 유저라고 항상 해명해야 했다. 레이드 활동할 때는 디스코드(Discord) 프로그램으로 20여 명이 음성대화를 하는데, 캐릭터 이름으로 서로를 호칭하기 때문에, 여성스러운 느낌의 캐릭터 이름을 호칭받을 땐 좀 어색한 느낌이 들기도 하였다. 필자가 월드오브워크래프트 세계관에서 플레이하는 캐릭터에는 다음과 같은 정체성을 부여했다. 연약한 여성 캐릭터지만, 강인한 직업을 가지고 악의 세력을 무찌르는, 연합세력(Alliance) 소속의 한 구성원이라는 정체성을 부여한 것이다.

또한 월드오브워크래프트 세계관에는 매우 다양한 종족이 존재한다. 먼저 플레이어블 종족은 크게 두 개의 팩션으로 구분할 수 있는데, 얼라이언스와 호드이다. 얼라이언스 소속의 종족들은 인간, 드워프, 나이트엘프, 드레나이 등이고, 호드 소속의 종족들은 오크, 타우렌, 언데드, 트롤, 블러드엘프 등이다. 필자가 수년간 게임을 하면서 몸소 경험한 바는, 굳이 인간 종족으로 플레이하지 않더라도 다양한 종족을 플레이하면서 더 개성 있는 정체성을 뽐낼 수 있다는 것이 와우의 큰 장점이다.

다시 이야기의 초점을 메타버스로 돌려보자. 다양한 메타버스 플랫폼이 있으며, 어느 플랫폼을 사용하든지, 사용자는 가입 후 아바타 설정을 가장 먼저 하게 된다. 대부분의 메타버스 플랫폼들은 온라인 게임과는 달리 중세 판타지를 배경으로 하지는 않기 때문에, 종족을 선택할 경우는 거의 없다. 대부분 일반적인 현대 인류 세계를 세계관으로 한다. 성별은 수정할 수가 있다. 사용자들은 성별, 얼굴형, 헤어스타일, 홍채 색깔, 피부색, 복장 등 다양한 선택 옵션을 갖고 아바타의 가상성을 표현할 수 있다.

아바타의 가상성을 활용한 정체성의 표현은 매우 큰 심리적 욕구를 반영하는 듯 보인다. 그리고 이는 사용자의 연령이 청소년일 때 더욱 증가하는 것으로 보이기도 한다. 이러한 요인들은 연령별 학습자들을 대상으로 메타버스 학습환경을 설계할 때 고려해야 할 요인으로 반영되기도 한다.

 ## 3 메타버스 아바타의 익명성

아바타 익명성(anonymity)은 온라인 익명성으로 치환하여 일단 살펴볼 수 있다. 기본적으로 온라인과 같은 매개된(mediated) 환경에서는 실제 본인을 드러내지 않고, 대리된 무언가를 통해서 상호작용을 하게 된다. 텍스트 기반의 환경에서는 'user ID'가 그 유일한 채널이며, 이미지가 결합된 환경에서는 '프로필사진(profile picture)'이라는 요소가 추가되게 된다. 그리고 메타버스 환경에서는 아바타 요소가 추가 되게 된다.

즉, 익명성의 핵심 요인은 'user ID'가 중심이다. 온라인 공간에서는 맥락에 따라 실명을 굳이 쓰지 않아도 되기 때문이다. 메타버스

의 접속 목적에 따라 학교 수업이나 실제 지인들과의 모임 등은 실명
(real name)기반 접속을 가정하지만, 그렇지 않은 일반적 불특정 다수
와의 상호작용 환경에서는 실명을 강제받지 않는다. 즉, 이러한 메타
버스 환경에서는 익명성은 매우 큰 고려요인으로 다가오게 된다.

    독특한 정체성을 지닌 user id로 무장한 불특정 다수가 실시간으
로 모인 메타버스 환경을 가정해보자. 과연 여러분은 어떤 user id를
쓸 것인가? 평범한 현실 배경의 메타버스 환경이라면 평상시 쓰던 인
터넷 닉네임을 쓰는 경우가 잦을 것이다. 평범한 당신의 정체성을 반
영할 것이다. 그러나 특정한 세계관을 가정하는 메타버스 환경을 상
상해보자. 중세 판타지 풍의 세계관 메타버스에서 여러분은 user id
를 그 세계관을 반영하여 변경할 가능성이 있다. 그리고 그 세계관
속 user id에 몰입하여 역할놀이(role-playing)를 수행할 수도 있을 것
이다.

    여기서 익명성이라는 요소는 정체성 형성에 큰 역할을 하게 된
다. 현실의 나와는 다른 자아를 생성하고, 그 자아의 역할을 수행하게
되는 과정에서 온라인 속의 또 다른 나 자신이 탄생하게 된다. 상업
적으로 가장 큰 성공을 거둔 월드오브워크래프트에서는 이러한 '역할
놀이'만을 즐기는 유저 그룹이 존재한다. 게임 속 주요 콘텐츠인 스토
리 진행, 레이드를 즐기는 것이 아닌, 게임 속 세계관을 바탕으로 본
인 캐릭터에 몰입하여 다른 유저들과의 이벤트를 즐긴다. 그들은 본
인 캐릭터가 어느 지역 출신에, 어느 가정에서 자랐고, 어느 전쟁에
참여했으며, 현재 세계관 속에서 어느 위치에 있는지를 자체 설정하
여 게임에 몰입한다.

    이러한 유저들만을 위한 RP(role-playing)서버가 별도로 존재한

다. 그들은 디스코드(Discord)에서 모여서 음성채팅으로 역할극에 몰입하기도 한다. 앞서 기술한 아바타 가상성 및 익명성이라는 특징은 메타버스와 같은 가상 세계를 플레이하는 사용자가 고려해야 하는 가장 큰 특징들이다. 메타버스를 학습환경으로 설정했을 때, 이러한 아바타 요인들은 어떤 역할들을 할 것인가?

4 메타버스의 아바타가 갖는 교육적 함의점

메타버스 아바타의 가상성(virtuality)은 매우 큰 특장점이며, 이를 학습상황에서도 고려할 수 있다. 현실의 나를 그대로 표방할 수도 있으나, 현실에서 되지 못한 다양한 존재가 될 수 있다. 성인 학습자의 경우는 크게 와 닿지 않을 수 있을 것이나, 어린 학습자의 경우, 본인이 마블(Marvel) 슈퍼히어로가 될 수 있다고 하면 어떤 반응을 보일까? 다음 화면은 필자가 진행한 온라인 수업에서의 캡쳐 화면이다.

교수자는 유명 넷플릭스 드라마 '종이의 집'의 주인공 '프로페서'를 흉내내었다(〈그림 1〉 참조). 그리고 학습자들에게는 각자 좋아하는 캐릭터를 참고하여 이름을 바꾸고, 아바타 외형을 커스터마이징하라고 주문하였다. 금발 및 턱수염의 토르(영화 히어로), 콧수염의 프레디 머큐리(아티스트), 짧은 머리의 비와이(래퍼), 턱수염이 풍부한 침착맨(유튜버) 등으로 이름을 바꾼 학습자들은 각자 외형을 개성있게 커스터마이징 해서 접속했다. 이들은 이 상태에서 토론 수업을 진행했으며, 매우 재밌고 유쾌한 분위기에서 토론 수업이 이루어졌다.

이 학습자들은 이 순간에는 그들의 온라인 정체성을 각자 선택한 가상의 캐릭터로 설정하였다. 그들이 변경한 이름, 여러 외형 특징 요소로 정체성을 형성한 것이다. 이론적으로 온라인 상호작용에서 정체성 단서(identity cues)는 매우 큰 역할을 하게 된다. 대화라는 언어적 상호작용이 일어나지 않더라도, 우리는 외형적으로 이들을 인식할 수 있으며 이는 일련의 상호작용이 발생하고 있는 것이다. 여기에 언어적 상호작용 및 비언어적 상호작용(박수 등 제스처)이 가미된다면 매우 풍부한 상호작용이 가능하며, 이는 충분한 동기 증진 전략이 될 수 있다.

모든 학습자가 수업에서 발표를 자신감 있게 하는 것은 아니다. 성향에 따라 발표를 꺼리는 학습자들이 있으며, 혹은 발표 불안증을 겪는 학습자들도 있을 것이다. 오프라인 학교 수업에서는 발표를 잘하지 못하는 학습자들도, 온라인 토론 방에서는 일목요연하고 조리 있게 자신의 의견을 잘 표출하는 경우가 있다. 이는 비동기적(asynchronous) 환경에서는 충분한 심사숙고가 가능하고, 다른 학습자들을 직접 대면하지 않는 환경이 발표 불안자들에게는 큰 긍정적 요인이기 때문이다.

익명의 인터넷 커뮤니티의 경우를 예로 들어보면 더 뚜렷하게 이해할 수 있다. 현실에서는 말 한마디 잘 못하는 사람들도, 익명의 커뮤니티 활동이나, 블로그 등에서는 매우 말을 잘 하는 사람들도 있다. 이는 익명성이 주는 안전한 보호 장치가 이들의 표현 불안을 경감시켜 주기 때문이다. 이러한 원리를 통해 온라인 메타버스 환경에서 익명의 캐릭터로 학습환경을 설계했을 때 발표불안 증세를 줄일 수 있는 연구결과도 보고되고 있다.

이러한 익명성 전략은 앞서 언급한 가상성 기반 정체성 전략과 맞물릴 수 있다. 익명성 전략 없이 가상성 전략만 활용한다면, user id는 본인 실명으로 하면서 외형은 마블영화 토르를 할 수 있을 것이다. 그러나 익명성 전략을 추가한다면 이름조차 '토르'로 할 수 있을 것이다. 이 차이는 무엇일까? 발표 불안을 겪는 사람들에게는 익명성 전략의 추가 반영이 필요할 것이다. 그들에게 텍스트 채팅으로 상호작용을 요구했을 때, 본인 실명으로 발표할 때와 익명으로 발표할 때는 그들의 의사표현 정도는 당연히 달라질 수 있기 때문이다.

물론 대부분의 학습환경에서 익명성 전략은 포함되지 못할 것이다. '수업'이라는 체제 안에서는 학습자의 출석과 같은 실재 여부를 교수자가 파악하는 것이 조건 중 하나이기 때문이다. 그러나 수업 중 부분적인 '상호작용 촉진전략'으로는 충분히 검토할 수 있을 것이다. 메타버스 기반 수업을 진행하고자 하는 교수자라면, 이와 같은 가상성과 익명성을 조합한 아바타 전략을 고려해본다면 훨씬 풍부한 수업이 될 수 있을 것이라 제언해본다.

참여활동 촉진을 위한 메타버스의 설계

김수연_중앙대학교 다빈치교양대학

개요

메타버스 플랫폼은 웰빙과 여가를 위한 가상 공간으로도 주목받고 있다. 메타버스 공간은 창조하는 경험, 정서적 공감 등 다양한 힐링 경험을 할 수 있는 환경을 제공하기 때문이다. 여기에서는 참여활동 촉진을 위한 방법으로서 메타버스 공간을 어떻게 설계할 것인지에 대해 사회참여 활동 공간, 스포츠 활동 공간, 시민을 위한 공간, 지역 관광 및 문화체험 공간으로 구분해서 살펴보았다. 공간별 특징을 살펴보고 실제로 구현된 사례를 통하여 교육적으로 활용할 수 있는 방법에 대해 논의하였다. 또한 메타버스를 학습용뿐만 아니라 여가를 누릴 수 있는 공간으로 활용할 수 있기 위해서 고려할 사항들을 살펴보았다.

 참여를 위한 활동공간

메타버스(Metavese)는 1992년 닐 스티븐슨의 소설인 '스노 크래시(Snow Crash)'에서 유래하였으며, 소설 속 메타버스는 몰입감이 높은 가상세계공간에서 현실의 나를 대리하는 아바타가 일상생활을 하는 것으로 묘사되었다. 오늘날은 기술의 발달로 영화에서 현실과 가상의 경계 간극이 점차 좁혀지며 영화 속에서 누리던 상황이 현실에서도 직접 누리는 순간들이 시작되었다. 메타버스가 일반적인 인터넷 공간을 경험하는 것과 가장 큰 차이점으로는 인터넷 경험은 관찰 경험, 메타버스 경험은 행동경험이기 때문이다(이승환, 2021; 정재웅, 2022에서 재인용).

메타버스에서의 '공간성'은 중요한 부분으로 차지하고 있다. 우리는 메타버스 플랫폼에서 다양한 '공간'을 통해서 사회 참여활동, 스포츠 활동, 시민 참여 활동, 지역 관광 및 문화체험을 누릴 수가 있다. 메타버스 플랫폼 공간은 사회·문화·경제·교육에서 활발히 활용되고 있다. 이 공간에서는 서로 상호작용이 활발히 일어나고, 협력할 수 있는 환경을 제공하며, 물리적 공간의 제한이 없는 것이 장점이다. 메타버스에서 공간은 참여자들의 자발적이고 적극적으로 수행할 수 있도록 이끌어 내는 동기를 부여한다(이동은, 2022). '공간'은 공간을 경험하는 사람들에게 특별한 정서와 가치를 부여한다. 인간은 감성적인 공간 안에서 무언가를 가지고 놀이, 여가 생활을 즐기고 싶어하는데 현 시대에는 그 중심에 지금의 메타버스가 자리하고 있다. 메타버스 플랫폼은 자기 자신이 자유자재로 만든 공간 안에서 즐거운 경험을 가질 수 있는 놀이의 공간으로 활용할 수 있다. 또한 엔터테인먼트를 넘어 가상의 커뮤니티를 생성할 수 있는 구조이기 때문에 자신의 아바타를 통해 소통하고 교류할 수 있는 3차원 가상 공간을 포함하는 차세대 인터넷으로 표현되기도 한다. 이용하는 사람들의 대상도 친구들 간, 가족, 시민을 넘어 전 세계 사람들과 함께 공유할 수 있는 공간으로 사용되고 있다. 우리나라 정부는 메타버스 공간을 차세대

문화 여가 공간으로 가치를 인정하고 문화 여가 산업 발전과 생태계 육성을 위한 방안을 모색하고 있다(고선영 외, 2021). 메타버스 공간에서의 문화 여가 산업은 점차 확장되고 있는 실정이다. 따라서 메타버스에서 사람들이 어떠한 문화 혜택을 경험하고 누릴 수 있는지 사례를 통해서 알아보고 이를 교육적으로 접목할 경우 학습자들의 교육적 효과를 위해 사용할 수 있는 부분을 제시하는 것은 중요하다.

2 사회참여 활동 공간

최근에는 사회 기여 및 기부 활동이 메타버스 플랫폼에서 활발하게 운영되고 있다. 세컨블록(2ndblock)은 사적 모임부터 대학 강의나 기업 회의, 전시회, 콘서트 등 용도에 따라 공간을 개설하고 모임을 진행하는 확장성을 강점으로 가지고 있다. 세컨블록은 의료구호 단체인 국경없는 의사회와 사회 공헌 파트너십 업무협약을 체결하였고, 시간과 물리적인 거리로 인해서 봉사활동에 참여하지 못한 사람들이 참여할 수 있는 공간으로 구성을 하고자하는 계획을 밝혔다(블록미디어, 2022.07.25).

세컨블록은 2D기반으로 채널링을 통해 최대 6만 명까지 접속이 가능한 것이 가장 큰 특징이다. 최근 대형 산불 피해지 복구를 하기 위해서 기획된 환경보호 캠페인 공간으로 '세컨포레스트와 함께 하는 회복의 숲' 캠페인을 펼쳤다. 이는 대형 산불 피해지 복구를 하기 위해서 기획된 공간으로 사용되었다. 가상으로 만들어진 숲에서 참가자들이 나무를 심으면 실제로 경북 울진에 실제 나무가 식재되는 방식으로 진행하였다. 시민들 모두 참여할 수 있도록 오픈되었고 5일간 1만 9,790명이 참여하였다. 이는 산불로 인해 황폐해진 산림의 모습이 세컨포레스트 맵에 그대로 구현되어 산불에 대한 경각심을 가지는 교육적 효과도 주었다(최동녘, 2023.03.27. 블록미디어).

3 스포츠 활동 공간

고선영 외(2021)의 연구에서는 체육 분야의 대중 스포츠는 메타버스 환경으로 쉽게 흡수되고 있는 실정이고 메타버스의 확장성을 기대한다고 언급하였다. 나이키는 메타버스에서 대표적인 게임 사업화에 나섰다. 로블록스 플랫폼에서 나이키랜드 공간의 건물들을 구현하였다. 실제 나이키 본사를 모델로 제작하여 나이키랜드(Nikeland)라는 가상놀이 공간에서 나이키 유저들간의 서로 소통하고 자기자신만의 캐릭터를 가지고 경험을 공유하며 경쟁도 할 수 있는 공간을 창출하였다.

2021년 '제페토'는 가상 경기장을 오픈하여 프로스포츠 4개 종목 7개 단체(K리그, KBO, WKBL, KPGA, KLPGA)를 나타내는 5개 가상 경기장 맵을 제작하였다. 단체종목(축구, 야구, 농구, 배구)의 가상 경기장 내부는 라커룸, 인터뷰룸, 홍보전시관, 경기장 로비로 조성되었다. 개인 종목(골프) 가상 경기장 내부는 클럽하우스, 인터뷰존, 필드, 티박스로 구성돼 실제 경기장에 온 듯한 경험을 제공하였다(노주환, 2021.12.16. 조선일보). ESPN, Star Sports, Fox Sports등 세계적인 스포츠 방송에서 증강현실을 활용하기 시작했다. 스포츠방송들은 AR기술을 활용해서 경기와 선수에 대한 다양한 정보를 제공하여 스포츠 관람방식을 혁신적으로 바꾸고 있다. 이는 스포츠를 관람할 때 사람들에게 흥미롭고 실감나는 스포츠 관람과 체험을 가능케 하고 있다.

최근에는 가상 현실 체육 플랫폼들이 많이 생겨나고 있다. 대부분 미세먼지로 인한 불안한 야외활동을 대안으로도 사용할 수 있고 운동시설이 부족한 곳에서는 안전하게 가상현실 실내체육 플랫폼을 활용할 수 있다. 특히 집에서 할 수 있는 홈트레이닝은 아바타가 운동하는 모습의 몸을 대신해서 표현해 주는 부분이 흥미는 물론 부끄러움을 감소해준다. 일반적으로 홈트레이닝 운동을 오래 할수록 힘들어지는 부분이 있는데 자신의 운동 모습을 아바타가 표현하는 모습은 게임의 일부처럼 느껴져 재미가 증가했다는 연구결과가 도출되었다(이준, 2023). 이처럼 메타버스 홈트레이닝은 사람들에게 부담을 줄여주고 흥미와 재미를 느끼게 해주기 때문에 운동을 지속적으로 할 수 있도록 도움을 줄 수 있다. 오큘러스 퀘스트 2를 사용해서 FitXR 메타버스 게임 플랫폼을 통해서 실제적으로 홈트레이닝을 할 수도 있다.

메타버스 플랫폼에서 자전거 홈트레이닝 공간은 실질적으로 사람들이 자전거를 타면서 즐길 수 있는 공간으로 이슈가 되었다. 즈위프트(Zwift)는 가상공간에서 러닝과 자전거 라이딩을 할 수 있도록 전세계 유명 명소들을 실제처럼 구현하였다. 이 공간은 가상공간에서 실시간 라이딩과 런닝을 할 수 있기 때문에 많은 사용자들이 이용하고 있다. 메타버스안의 운동공간은 사람들에게 재미와 경쟁, 도전을 통해서 만족감을 안겨준다. 스포츠에서는 유희성이 중요하다. 이 유희성(playfulness)은 인간이 게임을 통해서 추구하는 목적을 가지고 내면적인 동기를 반영하는 것이다(Scannlan at al., 1993). 메타버스 플랫폼은 이 유희성을 매우 잘 활용할 수 있도록 공간 구현이 구성되어 있고 점차적으로 발전하고 있기 때문에 이후 계속적으로 많은 사람들이 가상공간에서의 스포츠 공간의 확장과 활용이 예상되고 있다.

4 시민을 위한 소통과 체험 공간

최근 서울시는 메타버스 플랫폼을 추진하며 세계 도시 최초로 2023년 1월 16일부터 민원상담과 명소체험 서비스를 시작하였다. '자유, 동행, 연결'을 메타버스 서울의 핵심 가치로 삼아 메타버스 시장실, 서울 10대 관광 명소 체험, 청소년 멘토링 가상 상담실, 민원서류 발급 등이 조성되었다(정지영, 2021.09.02. 서울시 대표 소통포털).

중랑구는 대한민국 근현대사의 보고인 망우리역사문화공원 가상세계를 네이버 메타버스 플랫폼 '제페토(ZEPETO)에 구축하였다. 이곳에서는 중랑망우공간을 포함하여 한용운, 방정환 등 근현대사 주요 인물들을 소개하는 인물가벽, 등록문화재 묘비, 유관순열사 이태원무연분묘합장비 등 역사적인 주요 시설을 실제처럼 만나볼 수 있다. MZ세대의 관심과 호기심을 유발하기 위해 망우리역사문화공원 메타버스 가상공간은 역사, 힐링, 즐거움 3가지 특징으로 구성하고, 공원이 갖고 있는 역사·문화적 배경에 힐링과 즐거움을 함께 느낄 수 있도록 구성되어 있다(김다정, 2022.01.04. 인터넷 환경일보).

메타버스를 통한 관광 분야는 다른 분야에 비해 가장 빠르게 메타버스로 실현될 것이라고 하였다(고선영, 정한균, 김종인, 신용태, 2021). 전라북도는 제페토와 함께 캠핑장을 꾸미고 인증샷 댓글 이벤트를 통해서 사람들의 적극적인 참여를 도모하였다. 메타버스를 통한 지역 관광 체험은 거리가 먼 사람들의 탐방이나 방문하기 전 사전 탐사용으로도 활용할 수 있으며 자연환경을 메타버스 공간 안에서 시청각적인 부분을 느낄 수 있는 재미를 더해 주고 있다.

제주도에서는 메타버스로 만나는 '제주 설화와 자연의 길'이 열려서 제페토 안에 '문화유산 방문 캠페인 홍보관'을 개관하고 기념 행사를 진행하였다. '제주 설화와 자연의 길'은 성산일출봉, 산방산, 쇠소깍, 용머리해안 등 4개 장소로 구성되었고, 각 지역의 독특한 실감 이미지와 다양한 과제, 관현 행사를 구현해 이용자들이 문화유산에 대한 흥미와 재미를 느끼도록 구현하였다(뉴제주일보. 2021.12.29.).

제주관광협회는 메타버스 플랫폼 제페토를 활용하여 제주도를 둘러보고 체험장을 방문해 이용자가 점핑해서 산을 등반하거나, 녹차밭과 유채꽃밭에서 사진을 찍고 주요 관광지를 간접적으로 구경할 수 있게 구현하였다. LG는 'LG디스플레이의 특별한 힐링 프로그램, 메타버스로 만나다'라는 주제로 메타버스 플랫폼에 문경힐링센터를 접목해 실감나는 가상 체험의 공간을 구현하였다(LG Display Newsroom).

이러한 사례들을 살펴보면 지역관광을 체험할 수 있는 요소는 메타버스가 가지고 있는 공간적 구현 장점을 매우 잘 활용하고 있는 것으로 보여진다. 이용자들로 한하여 힐링의 장소로 이용가능할 뿐만 아니라 그 지역에 관심을 가지고 방문하고 싶은 동기까지 제공하는 장점이 있다.

메타버스 플랫폼 이프랜드(ifland)에서는 태권도 등 K-문화와 관련해서 우리나라를 대표할 수 있는 문화를 접할 수 있는 부분을 활용하고 있다. 2022 고양 세계태권도 품새선수권대회에서는 이프랜드에서 메타버스 홍보관을 운영하였다. 도복 코스튬과 태권도 품새 모션기능이 추가 되었고 도복 아이템과 태권도 품해 모션 기능을 무료로 이용할 수 있는 것으로 많은 사람들이 관심을 가지고 참여할 수 있도록 홍보를 진행하였다(고양시세계품새대회 블로그, 2022).

5 교육적 활용을 위한 설계

메타버스를 활용한 사회 문화 콘텐츠는 발전과 확장의 가능성을 가지고 기대를 모으고 있다. 템플 대학의 심리학 교수이자 브루킹스 연구소 선임연구원 캐시 허쉬-파섹 교수는 2022년 '교육과 메타버스에 관한 보고서'에서 "메타버스를 통해 우리는 프랑스 카페에 앉아 프랑스어를 배울 수 있고, 남아프리카를 방문할 수도 있다. 자유롭게 장소를 이동하고 미래와 과거를 자유롭게 이동하는 것을 상상해보라"라고 메타버스 플랫폼에 대해 높이 평가하였다.

이처럼 메타버스 문화 공간이 점차 확대되고 있으며 학교 현장에서는 메타버스 공간을 여러 요소에서 접목하여 활용할 수 있다. 온라인에서 오리엔테이션을 진행할 경우는 불멍 등 캠핑 공간으로 활용해 학생들에게 수업에 대한 긴장감 해소와 처음 만나는 동료 학습자들 간 친근감, 유대감을 쌓는 공간으로 활용할 수 있다. 또한 학술 공간으로써 강의실 공간과 교실을 활용할 수 있다. 활용시에는 가상 벽에 질문과 피드백 등에 관해 동료들 간 포스트잇을 남기기, 강의실에 게시된 영상과 문서 등의 수업자료를 실시간·비실시간으로 복습용으로 활용할 수 있다. 실제로 브이스토리(V-Story)플랫폼은 이미 다수의 학술대회와 강연장, 교실 등으로 활용되고 있으며 많은 연구자들이 교육적인 공간으로 사용하고 있다.

교수자는 다양한 메타버스 플랫폼을 활용해 과목별 특성을 접목하여 학습자들의 학업 동기와 흥미를 부여해 줄 수 있다. 예를 들어서 역사수업에서는 구현되어 있는 여러 박물관을 방문하여 수업을 진행할 수 있다. 이는 역사과목에 흥미를 가지지 못하는 학생들도 관심을 가지고 동기부여를 해줄 수 있다. 또한 특정 지역에 대해 시공간적 제약으로 방문하기 어려울 경우 활용할 수 있다. 또한 앞서 살펴본 사회 봉사활동이나 기부활동 등의 플랫폼들은 학생들이 직접 참여해봄으로써 의미있는 교육의 장으로도 활용될 수 있다.

특히나 예체능 수업에서는 메타버스를 활용할 수 있는 부분들이 다양하게 존재한다. 메타버스 플랫폼의 콘서트장은 학생들의 창작물을 직접 만들어서 발표를 할 수 있고, 뮤지컬 연극 등을 구현할 수 있는 공간의 장으로 활용할 수 있다. 미술 수업에서는 학생들의 미술품 전시 공간으로 활용하거나 세계 여러 미술관 탐색을 통해서 더욱 폭넓은 교양지식을 습득할 수 있다. 최근 스포츠에 관련된 메타버스도 확장되고 있다. 가상안경과 센서를 착용하여 여러 동작을 구현할 수 있는 부분이 재미와 흥미를 가지고 운동을 즐길 수 있게 도와준다. 운동을 하기에 여러 제약점이 있는 좁은 실내 공간이나, 우천 등으로 인해 외부 체육활동을 할 수 없을 때에도 문제를 해결할 수 있는 도구로 도움받을 수 있다.

교육으로서 메타버스 공간 활용 시 중요한 점은 메타버스의 공간사용이 일회성이 되지 않도록 '나만의 공간'을 부여하고 학습자들이 직접 만들고 설계하는 부분을 잘 유도하는 것이 중요하다. 메타버스 플랫폼 공간은 학습자들이 직접 공간을 연출할 수 있다. 예를 들어서 직접 캐릭터와 자기 자신만의 게임을 만들고, 땅을 사고, 직접 창조해 보는 경험을 할 수 있다. "Lerning by doing!", 즉 직접 해 본 것만이 온전히 나의 것으로 학습될 수 있다. 메타버스 공간은 이러한 직접 행동경험을 재미있고 손쉽게 해볼 수 있는 것이 가장 큰 장점으로 작용된다.

최근 확장현실(XR)시대를 맞이하면서 디스플레이 시장 규모가 계속해서 커지고 있다. 이처럼 점차 확장되는 메타버스 플랫폼은 인공감각을 활용하는 기술들이 다양하게 발전되고 있으며 아바타가 느끼는 오감이 유저들에게 전달이 되는 단계까지 발전되고 있다. 영화에서만 보던 헬멧과 슈트를 쓰면 가상세계로 돌입하는 단계가 점점 현실화가 되고 있다. 이에 교수자는 급속도로 발전하는 기술들을 수업에서 잘 녹여낼 수 있는 방법들에 대한 노력과 적용을 시도할 때 학생들에게 무한한 상상력을 펼칠 수 있는 도구의 장을 열어줄 수 있을 것이다.

진로교육 및 상담을 위한 메타버스 설계

이지혜_전남대학교 교육학과

개요

이 장에서는 진로교육 및 상담 분야에서 메타버스가 주목을 받게 된 계기를 소개하고 메타버스 설계 방안에 대해서 논의하였다. 먼저, 메타버스를 활용한 진로교육 및 상담이 개인에게 어떠한 의미를 가질 수 있는지를 설명하며 메타버스 활용의 장점을 설명하였다. 다음으로, 메타버스의 구성요소별 특징이 어떻게 진로지도 및 상담영역과 연결되는지를 언급하며 가능한 설계 및 적용 방안에 대해서 논의하였다. 마지막으로 메타버스를 활용하여 진로상담을 실시할 때의 환경 조성 및 프로그램 운영 후 정리활동 등의 고려사항을 제안하였다.

자신에게 잘 맞는 진로선택을 할 수 있는 역량은 진로와 관련된 직간접적인 학습경험에 달려있다고 여러 진로 이론에서 언급하고 있다. 사회학습이론을 제안한 Krumboltz와 동료들은 특정 직업/진로에 대한 긍정적이거나 부정적인 일련의 개인적 경험을 통칭하여 학습경험이라고 하였다(Krumboltz, Mitchell, & Jones, 1976). 학습경험은 특정 직업 및 진로에 대한 선호에 영향을 미치고, 개인은 누적된 학습경험을 토대로 특정한 진로를 추구하거나, 포기하고 다른 대안을 찾는 등의 행동을 한다고 하였다. 이와 유사하게 사회인지진로이론을 제안한 Lent와 동료들은 더 나아가 학습경험은 특정한 진로분야에 대한 자기 효능감, 결과기대, 흥미에 영향을 미치며 이후 진로선택과 진로준비 행동을 촉진하는 중심 역할을 한다고 보았다(Lent, Brown, & Hackett, 2002). 학교현장에서는 이와 같은 학습경험을 주로 대면 위주의 기관 견학, 연사초청, 직업체험 등의 방식으로 제공해왔다.

그러나 2020년에 갑자기 발발한 코로나19로 인해 대면 활동이 제한되면서 메타버스가 대면 진로교육 및 상담의 대체가능한 대안으로 부상하였다. 코로나19는 기존의 대면 위주의 진로교육 및 지도 방식이 더 이상 가능하지 않은 상황을 초래하였다. 초·중·고에서는 코로나19 유행 초반 감염병 확산 위험이라는 초유의 상황으로 대면 교육활동을 급격하게 줄였고, 기존의 진로체험 실습기관들도 외부자의 방문을 제한하여 학생들이 기관에 견학을 가거나, 실제 직업체험을 하면서 진로와 관련된 경험을 할 수 있는 기회가 대폭 감소하였다. 또한 코로나 이전에 활발하게 운영되던 대학 방문형 고교—대학 연계 프로그램은 대부분 취소되거나 제한되었다. 실제로 교육부에서 매년 실시하는 초·중등 진로교육 현황조사 결과, 2019년에는 현장견학과 같은 진로체험의 참여도는 중학생 70.4%, 고등학생 54.8%로 과반 이상이었으나, 코로나19 발발 직후인 2020년에는 중학생 59.0%, 고등학생 42.0%로 대폭 줄어드는 모습을 보였다.

한편 2020년 이후에도 꾸준히 학생들에게 가장 도움이 되며, 학생들이 희망하는 진로체험 방식은 현장직업체험이라는 반응이 이어지고 있다(교육부, 2022a; 교육부, 2022b). 이에 학교 현장에서 대면 외의 방법으로 직업을 가깝게 체험할 수 있는 메타버스에 대한 관심이 높아졌다. 대학에서도 감염병으로 인해 대면실습의 기회가 매우 제한되는 상황에서 간호학과 등 대면 실무실습이 매우 중요한 비중을 차지하는 학과에서도 안전하게 현장 임상경험을 대신할 수 있는 효과적인 진로교육 방법으로 메타버스를 활용하기 시작하였다.

 ## 1 메타버스의 진로교육적 가치

진로교육 수단으로서 메타버스의 가치와 의미는 다음과 같다.

첫째, 메타버스는 실제와 유사한 진로 학습경험을 제공하며 진로발달을 촉진한다. 사회학습이론에 따르면, 개인은 특정한 흥미와 경향성을 타고나기도 하지만, 자신에게 주어진 환경과 상호작용하면서 다양한 경험, 즉 학습경험을 쌓아가며 자신과 세상에 대한 세계관을 발달시킨다. 그리고 개인은 학습경험을 통하여 형성한 자기 세계관을 토대로 진로선택을 하므로 그동안 해온 학습경험의 범위 안에서 자신의 진로포부 수준이 결정된다고 볼 수 있다. 메타버스는 개인이 할 수 있는 학습경험의 폭과 빈도를 대폭 확장하며 특정 분야에 대한 개인의 자기효능감도 높이는 방식으로 선택 가능한 진로선택의 범위와 포부를 늘리는 결정적인 역할을 한다.

둘째, 메타버스를 통한 진로교육 및 상담은 개인의 흥미와 자발성을 높이며 진로발달에 필요한 자기주도적인 태도를 기르도록 돕는다. 자기주도적 태도는 변화가 가속화되고 있는 미래 직업세계에 적응하고, 효과적으로 대처하기 위해서 발달시켜야 하는 매우 중요한 역량이다(최지은, 조용선, 2021). 그런 면에서 메타버스를 이용한 강연,

수업, 상담 등은 참여자가 아바타를 통해 채팅이나 음성으로 소통하고 응답하거나, 몸짓을 보이며 반응하는 등의 자발적인 자기표현을 유도한다(Yoon, 2023). 실제로 코로나19 이후 온라인 콘텐츠 위주의 진로교육이 이뤄지면서 youtube 등의 녹화영상 공유, Zoom 등의 실시간 화상회의 시스템 등의 다양한 비대면 교육방식이 도입되었으나 대부분 강사 중심의 일방향적 강의로 운영되는 편이고, 강사와 교육 참여자의 소통이 적은 편이라는 문제가 제기되었다(Ngien & Hogan, 2023). 또한 2020~2023년에 실시된 초·중·고 진로교육 현황조사 결과에서 학생들은 자신의 진로설계에 실제로 유용하다고 한 것은 일방향식 강의 보다는 체험 중심의 교육이었다는 점에서 메타버스는 보다 실질적인 진로경험을 제공할 수 있다는 장점이 있다. 이외에도 메타버스는 아바타를 직접 꾸미면서 자기 정체감을 표현하는 방식으로 참여자의 자발성을 높일 수 있으며 실시간으로 자신의 모습이 계속 촬영되는 화상회의 플랫폼과 달리 스스로의 실제 모습이 상대방에게 보이지 않기 때문에 스스로를 덜 의식하면서 익명성을 바탕으로 보다 적극적으로 교육 및 상담에 참여할 수 있게 한다.

2 메타버스 구성요소와 진로교육의 연결

진로교육 영역에 메타버스 기술을 효과적으로 적용하려면 메타버스의 구성요소가 진로교육 및 상담 영역과 어떻게 연결될 수 있는지를 먼저 이해하는 것이 필요하다. 메타버스의 대표적 구성요소로는 미국의 Acceleration Studies Foundation(ASF: 미래 가속화 기술 연구

단체)가 제안한 총 4가지 개념, 증강현실(augmented reality, AR), 라이프로깅(lifelogging), 미러월드(mirror world), 가상세계(virtual world)가 주로 제시된다(안민권, 2022; 문선희, 2023; Smart et al., 2007). 메타버스의 각 구성요소를 설명하며 진로교육 및 상담과의 연결점을 다음과 같이 소개하고자 한다.

첫 번째, 증강현실은 기존에 존재하는 이미지나 배경과 같은 현실세계에 실재하지 않는 3차원 가상 이미지나 정보 등의 디지털 요소를 합성하여 눈앞에 존재하는 것처럼 영상으로 보여주는 기술이다. 하나의 예로, AR 증강현실 세트장 안에서 파일럿, 카레이서, 경찰관 등 다양한 직업을 선택하고 홀로렌즈 등의 AR기기의 화면을 보면 가상 이미지 정보가 사용자가 보는 현실과 합성되어 마치 직접 직업현장에 있는 것과 같은 경험을 하게 된다. 진로교육 참여자들은 증강현실을 통하여 시간과 공간을 초월한 진로체험을 할 수 있고, 영상 내에서 주어지는 여러 미션들을 통해 자발적으로 직무에 대한 직간접적인 학습경험을 할 수 있다. 이 외에도 증강현실은 콘텐츠 구축 이후에는 별다른 비용 소모 없이 반복체험을 할 수 있으므로 사용자의 과제숙달도와 자기효능감을 향상시키는 기능도 한다. 간호분야에서는 증강현실을 사용하여 학생들에게 실습 시뮬레이션을 운영하며 교육 참여도 및 업무 수행에 대한 자신감에 긍정적인 효과를 가져왔다는 국내 외 연구가 다수 존재한다(안민권, 2022; 윤동주, 정현철, 2021; Padilha et al., 2018; Verkuyl & Hughes, 2019).

두 번째, 라이프로깅은 스마트폰, 스마트워치 등의 기기를 통해 자기 일상의 생활동선, 검색기록, 건강, 취미, 생체 정보 등 다양한 개인 데이터를 저장, 기록하는 것과 자신의 일상이나 정보 등을 글이나 영상을 통해 자신이 보여주고 싶은 스스로의 모습을 인스타그램, 유튜브, 페이스북, 트위터 등의 SNS나 개인블로그 등을 통해서 타인과 공유하는 것을 의미한다. 아직 라이프로깅을 진로교육 및 상담에 적용한 연구는 드문 편이나, 라이프로깅은 학생의 자기이해, 직업세계 탐색, 진로준비행동을 조력하는 모든 진로교육 및 상담 단계에서 유용하게 활용될 수 있다. 자신의 관심분야를 잘 모르겠다고 하는 학생에게 스스로 자주 보는 콘텐츠, 인터넷 검색기록, 영상 시청기록 등을 검토하게 하면서 흥미 및 관심사를 파악하도록 조력하거나, 과거에 SNS에 기록한 일상 활동, 학습 습관, 관심사 등을 회고하며 자신이 어떤 사람인지, 앞으로 어떻게 살고 싶어하는지에 대한 자아성찰을 촉진하는 것도 하나의 예가 될 수 있다. 직업세계를 탐색할 때, 관심 직업군에 종사하는 사람들의 블로그 게시글, 브이로그 등의 라이프로깅 자료를 조사 및 분석하게 하며 대리학습경험을 축적하고 정보탐색 능력을 향상시킬 수 있다. 학생이 진로준비행동을 수립하고 이행하는 과정에서도 자신의 진로에 대한 라이프로깅을 업로드하며 비슷한 관심사를 가진 사람들과 소통하거나, 타인으로부터 격려를 받도록 하는 계기를 마련할 수 있으며, 한편으로는 자신의 기록을 돌아보며 스스로 의지를 다져갈 수 있도록 활용할 수 있다.

세 번째, 거울세계는 현실세계의 정보를 추합하거나 가공하여 보기 쉽게 집약적으로 축소하여 디지털 공간으로 옮긴 것을 의미한다. 대표적으로는 전 세계 각 지역을 3차원 영상 및 사진으로 보여주는 구글 어스나 국내의 네이버, 카카오 지도 등이 있다. 진로교육 및 상담과 관련된 거울세계 콘텐츠를 찾아보자면 현실의 직업 및 진로정보를 단순화하고 간편한 방식으로 제시한 잡플래닛, 블라인드 등의 기업리뷰 사이트 및 앱들과 워크넷, 커리어넷 등의 취업정보포털도 포함할 수 있다. 메타버스가 제시하는 거울세계의 지도는 직접 가보지 않았던 국내외의 유명 명소 및 지역을 실제로 가본 것처럼 보고 느끼고 상상하며 간접 학습경험을 할 수 있는 기회이기도 하며, 진로포부를 높이는 자극제가 될 수 있을 것이다. 이 외에도 익숙하지 않은 타지에 진학 또는 취업을 하는 선택을 앞두고 있을 경우 지도앱을 통해서 미리 장소를 파악하여 생활여건을 가늠하고, 지리적·환경적 여건상 겪을 수 있는 어려움을 예상해보게 할 수 있으며, 도움이나 정보를 받을 수 있는 장소, 방법 등을 미리 모색하여 부적응 문제를 선제적으로 예방할 수 있다. 기업리뷰 사이트 및 앱의 경우 직장 및 직업과 관련된 정보 및 후기를 익명의 현직자에게 들을 수 있도록 하면서 마찬가지로 간접적인 학습경험을 제공한다는 점에서 내담자가 충분한 정보를 가지고 진로선택을 할 수 있도록 적극적으로 활용할 수 있다.

마지막 구성요소인 가상세계는 현실세계를 그대로 가상공간에 구현하여 놓은 것을 이르는 개념이다. 가상세계에서는 사용자들이 아바타의 모습을 취하되 현실세계와 동일한 방법으로 소통하고 사회적 관계를 맺으며 가상공간에서 일어나는 여러 일상활동(정치, 경제, 문화, 사회 등)에 참여할 수 있다. 대표적으로 로블록스, 제페토 등의 메타버스에서 구현한 다양한 세계관을 예시로 들 수 있다. 이를 진로교육 분야에 적용한다면, 특정 관심사를 공유하거나 특정 진로를 준비하는 모임을 형성하고 시공간을 초월하여 사람들과 소통하며 진로 정보를 공유하는 장으로 메타버스를 활용할 수 있다. 특히 메타버스에서는 자기 아바타를 제작하고 꾸미면서 자기 정체감을 자유롭게 표현할 수 있으므로 대상자의 자기이해를 높이는 데에도 사용될 수 있으며, 특히 사회활동을 하기 어려운 신체적 제약이 있는 사람들에게도 자유를 제공한다. 그 외에도 가상공간에서 아이템을 제작하고 물건을 사고팔면서 가상자산을 구축하는 등 경제생활을 간접적으로 시도하며 학습하는 통로로도 활용할 수 있다.

이처럼 메타버스 기술은 진로교육 및 상담에 적용할 수 있는 방법이 매우 다양할 것으로 예상되나, 메타버스 기술이 개인의 진로발달에 어떠한 효과를 미치는지에 대해서 추가 검증이 필요한 상태이다. 이와 관련하여 참여자의 고용가능성을 유의미하게 높였다고 나타난 초기 성인기 장애인 대상 메타버스 기반 직업준비 교육(이설희, 박은혜, 이영선, 2022)이 있으나 이후에도 다양한 대상군을 활용한 효과성 검증 연구가 지속적으로 누적될 필요가 있다.

 3 메타버스를 활용한 진로교육 및 상담 콘텐츠 설계

메타버스에서 진로교육 및 상담을 진행한다면 다음과 같은 메타버스 가상공간의 특성을 고려하는 것이 권장된다.

첫째, 메타버스 공간은 아바타를 통해 자신을 나타내므로 참여자가 익명성을 존중받을 수 있으며, 자신을 솔직하게 표현할 수 있다. 이러한 이유로 메타버스는 현실세계에서 타인과 상호작용하는 것을 어렵게 생각하거나, 도움을 요청하는 것을 주저하는 경우에 유용하게 활용될 수 있다. 대면상담의 경우 내담자들이 대화를 이어나갈 때 상담자와 직접 눈빛을 마주치며 표정을 보이는 것을 부담스러워하거나,

상담자에게 자신이 어떻게 보일지 의식하게 된다. 한편 메타버스 상담을 받을 때에는 혼자 분리된 공간에 편안한 자세로 있게 되므로 자신에게 집중하고 내면에 초점을 맞추는 것이 보다 수월하다. 상담자는 이런 점을 활용하여 첫 교육 및 상담 이전 내담자가 다른 사람이 없는 혼자 분리된 공간에서 상담 및 교육을 받도록 하고 현실세계에서 나누기 어려운 이야기도 자신의 속도와 욕구에 맞게 편하게 이야기할 수 있다고 사전 안내할 필요가 있다. 또한 교육 및 상담 진행시간 동안 모바일, 컴퓨터 등의 메타버스 접속기기의 알림을 제한하여 메타버스 활동에 집중할 수 있는 환경조성에 대한 안내가 필요하다. 또한 아바타 및 가상공간을 스스로 꾸미고 관리할 수 있으므로 아바타 또는 가상공간을 어떤 의도를 가지고 어떻게 꾸몄는지 자신이 어떤 모습으로 보이고 싶은지 설명하는 시간을 가지면서 내담자의 자기표현을 도울 수 있다.

둘째, 메타버스는 실시간으로 용이하게 접속이 가능하며, 기록을 축적할 수 있는 공간이다. 대면으로 이뤄지는 기존 교육 및 상담 방법은 정해진 일시와 시간에만 교육 및 상담을 받을 수 있고, 시간이 지나면 교육과 상담이 이루어졌던 시공간이 사라지는 특성이 있다. 이에 비해 메타버스는 시간과 장소에 구애받지 않고 언제든 접속하여 교육 및 상담 공간을 찾아갈 수 있고 메타버스 공간은 기록 및 저장이 가능하다. 이를 활용하여 상담자가 내담자를 위한 콘텐츠를 메타버스에 공유하여서 내담자가 상담 실시 전 미리 보고 이해할 수 있도록 안내하거나, 내담자 또는 학습자가 메타버스 공간에 관련 사진자료, 활동지 결과, 검사결과지, 소감문 등의 기록자료를 먼저 공유하여 상담자 및 교육자가 미리 자신에 대한 정보를 숙지할 수 있도록 할

수 있다. 또한 상담 및 교육을 실시하는 과정에서 내담자와 상담자가
함께 진로 정보가 담긴 웹사이트에 접속하여 정보를 함께 탐색할 수
있으며, 상담 및 교육 중에 탐색한 정보를 나중에 또 검색기록을 돌
아보며 내담자가 복습할 수 있으며, 매 회기마다 자신의 내적 성찰
및 성과에 대한 메모를 적도록 하여 자신의 변화 추이를 모니터링하
도록 지도할 수 있다.

 4 고려사항

한편, 메타버스를 진로교육 및 상담에 적용시 다음 사항에 유의
할 필요가 있다는 제언을 남기고자 한다.

첫째, 메타버스에서 이뤄지는 진로교육 및 상담에 집중할 수 있
는 물리적 환경을 먼저 구축하는 것이 필요하다. 오프라인 환경으로
는 일정한 시간 동안 혼자만 있을 수 있는 책상과 의자가 있는 장소
에서, 책상에 메타버스 접속기기(노트북, 패드, 스마트폰 등)를 설치하고,
눕기보다는 의자에 앉아서 메타버스에 연결하도록 안내하고, 메타버
스 접속기기가 교육이나 상담에 참여하기에 충분한 성능을 가지고 있
는지, 마이크와 스피커 음향 사전 점검이 이루어져야 중간에 방해받
지 않고 교육 및 상담을 운영할 수 있다. 온라인 환경으로는 상담자
및 교육자부터 AR, VR 기기 및 메타버스 기술 활용에 대한 사전지식
과 메타버스 프로그램 사용방법을 숙지하여 공간을 자유롭게 활용할
수 있는 역량을 갖추며, 내담자 및 교육대상자들이 아바타를 의지대
로 조작하고, 기술문제 발생시 연락 및 대처할 수 있도록 사전 교육

이 이루어져야 한다. 이외에도 상담 및 교육 도중 소통 방법에 대해서도 상호규칙을 설정하여 아바타로 끄덕거리거나, 톡창에 특정 문자를 남기며 호응을 전달하거나 생각 중일 때에는 '…' 등의 문자를 사용하는 것 등의 사전 합의를 할 수 있다면 메타버스에서의 소통을 더욱 원활하게 할 수 있다.

둘째, 상담자 및 교육자는 메타버스가 단순한 신기술체험 및 오락적 흥미로만 여겨지지 않도록 진로교육 및 상담과정의 경험을 언어로 정리하고, 표현하며, 타인과 소통하도록 유도하는 노력이 필요하다. 예를 들어, 메타버스/VR 체험 후 즐거웠던 점에 대한 공유 외에도 체험 과정에서 배웠던 것, 의미 있었던 것, 관심이 갔던 것 등을 함께 나눠보는 활동을 실시하는 것을 들 수 있다. 그 외에도 진로교육을 경험한 분야가 자신의 진로가치관에 부합하는지, 이후에 진로대안으로 고려할 수 있을지 생각해보도록 하는 것이 권장된다. 아울러 자기탐색을 키울 수 있는 추가적인 활동 정보를 함께 찾아보며 진로준비 계획을 세우는 과정 등의 활동 정보를 함께 찾아보며 진로준비 계획을 세우는 과정 등의 활동도 가능할 것이다. 정리해보면, 메타버스를 이용한 진로교육 및 상담 그 자체뿐 아니라, 심층적인 사후활동이 있어야 진로교육 및 상담이 효과를 보일 것이다.

PART

III

메타버스 활용 사례 분석

교수·학습을 위한 메타버스의 활용

임태형_전남대학교 교육문제연구소

개요

메타버스에 대한 관심이 고조되면서 초·중등교사뿐만 아니라 고등교육 대학 교수자 대상으로도 메타버스 활용법에 대한 실천적 사례들이 다수 보고되었다. 전남대학교는 이 분야에서 단연 전국적으로 선도하는 위치였다고 자평한다. 그동안 전남대학교는 지역 중등교사 연수, 학생체험, 대학 교수법 워크숍, 대학생 대상 워크숍 등 수많은 메타버스 활용 워크숍을 진행하였다. 여기에서는 전남대학교가 진행한 교수자 대상 워크숍, 학생 대상 워크숍들을 사례별로 살펴볼 것이다. 사례별로 어떤 내용과 기능들에 초점을 두었는지 살펴보았다. 이를 바탕으로 교수·학습을 위한 공간활용에 대해서 논의해보았다.

 들어가며

테크놀로지가 교육 현장에 도입되기 위해서는 교수자 대상의 교육이 선행되어야 한다. 더구나 현재 학습자들은 디지털 네이티브 세대로 불리며 교수자들보다 테크놀로지 활용 역량이 뛰어나다. 2021년 메타버스가 교육현장에 도입되는 과정에서 여러 교수자, 학습자들을 마주해보며 그 격차를 다시금 재확인할 수 있었다. 대부분의 교수자는 서툴렀으며, 대부분의 학습자, 특히 남학생의 경우는 매우 능숙하였다. 그 차이의 이유는 무엇일까?

필자의 경험상 이는 PC게임의 능숙도 차이이다. 구체적으로는 3D기반 PC게임에 대한 사전 능숙도의 차이이다. 모든 메타버스 프로그램들의 조작법이 동일하지는 않다. 그러나 일반적인 유저인터페이스는 비슷한 양상이 많으며, 메타버스는 이러한 일반적인 컨트롤 방법을 따르고 있다.

일례로 캐릭터를 이동하기 위해서 일반적인 사람이라면 키보드 이동키 ↑↓←→를 활용할 것이고, 이를 오른손으로 조작할 것이다. 오른손으로 키보드를 조작하는 방식은 오른손으로 마우스도 조작해야하기에 매우 비효율적이다. 따라서 오른손으로는 마우스 왼손으로는 키보드를 조작하게 되는데, 왼손으로 키보드 ↑↓←→키를 조작하는 것은 더더욱 불편한 운지법이다. 따라서 대부분의 PC게임에서는 캐릭터를 이동하기 위해서는 키보드 W S A D 를 활용하며, 달리기는 좌측 Shift , 또한 특정 기능은 Space Bar 를 공통적으로 사용한다. 대부분의 PC게임이 이 컨트롤 방식을 사용하고 있다.

전남대학교가 그동안 활용해온 메타버스 프로그램은 〈Virbela〉이며, 이는 국내에서 〈V-Story〉로 소개되어 있다. 이 프로그램도 동일한 방식을 사용한다. 수십 차례의 워크숍을 운영하면서, 학습자 연령별, 성별별로 동일한 현상을 발견했다. 50대 이상의 남녀는 대부분 이 방식에 매우 서툴다. 10대에서 40대 남성의 경우 이 방식에 매우 익숙하다. 여성의 경우 대부분의 연령대가 익숙해하지 않으나, 10대의 경우 익숙한 편이다. 이는 오버워치, 배틀그라운드 등 10대 여성에게 익숙한 PC게임의 영향일 가능성이 크다고 생각한다.

이처럼 조작법부터 가르치는 것이 워크숍 내용의 첫 단계였다. 기본적인 조작법부터 어려워하는 교수자 그룹을 보면서, 과연 이 메타버스가 교육현장에 적용될 수 있을까 하는 의문이 들었다. 그러나 젊은 교사 그룹을 중심으로 메타버스 활용 교육이 매우 확산되는 것을 보면서, 교사 그룹의 기민성을 확인할 수 있었고, 10대부터 40대까지의 그룹과 50대부터 60대까지의 그룹 간 격차도 동시에 확인할 수 있었다. 실제로 시간이 흐른 지금 되짚어보면, 학교 현장에서 적극적으로 메타버스 활용 교육을 선보인 그룹은 젊은 교사 그룹이며, 흔히 말하는 MZ세대의 역할이 교사 그룹에서도 얼마나 중요했는지 확인할 수 있었다.

 2 중·고등학생 대상 메타버스 기반 프로그램

2022년 여름, 전남대학교 국립대학육성사업의 지원을 받아 전남대학교 교육문제연구소는 광주·전남 고등학생을 대상으로 〈찾아가는 메타버스 체험〉이라는 프로그램을 기획하였다. 이 프로그램을 기획하게 된 계기는 다음과 같다.

첫째, 중등교육 현장에 알려진 메타버스는 단순한 차원의 메타버스였는데, 제대로 된 메타버스 체험이 필요하다고 판단했다. 기존 학교 현장에 알려진 메타버스 플랫폼들은 소셜목적의 〈제페토〉, 〈이프랜드〉거나, 2D 기반인 〈게더타운〉, 〈ZEP〉 정도에 불과하였다. 전자인 소셜목적의 플랫폼들은 교수학습환경에 적합하지 않고, 2D기반은 플랫폼들은 면밀한 의미에서 메타버스라고 하기 어렵다. 메타버스는 3D기반의 가상공간을 전제로 하기 때문이다.

둘째, 몰입형 메타버스의 체험이 필요하다고 판단했다. 메타버스는 3D기반의 플랫폼이기 때문에, 물리 엔진적으로 몰입형 디스플레이인 HMD와의 연동이 가능하다. 모니터 스크린으로 보는 메타버스와 몰입형 디스플레이로 보는 메타버스는 체험의 깊이가 다르다. 보급형 HMD인 〈오큘러스 퀘스트2〉를 갖춘 학교들이 거의 없다. 혹여 있다고 치더라도, 이를 전문적으로 활용할 수 있는 훈련된 교사도 거의 없다. 따라서 전남대가 보유한 물적·인적 인프라를 공유하고자 하였다.

셋째, 메타버스는 단순 체험이 아니라, 크리에이터의 공간이라는 점을 교육하고자 하였다. 우리가 일반적 사용자의 입장에서는 단순히 체험만을 하게 된다. 창작자로서 기능을 하려면, 플랫폼의 '유료' 플랜을 구매해야 한다. 이는 학생 개인의 입장에서는 매우 부담스러운 조건이며, 대부분의 학생들이 단순 체험에 그치고 만다. 따라서 메타버스를 창작할 수 있는 기회를 제공하고자 하는 것에 세 번째 목표가 있었다.

이러한 목적으로 갖고 2022년 여름부터 방문할 고등학교들을 물색하였고, 광주·전남에서 몇 학교들이 응답을 보내와 학생들을 만났다.

기본적인 VR과 메타버스에 대한 이해와 더불어, 모니터 기반 체험과 HMD기반 체험의 차이점을 경험하도록 수업을 설계하였다. 그리고 가장 중요한 점으로 '창작자'로서의 경험을 하는 데 목표를 두었

그림 1 HMD로 메타버스를 체험하는 고등학생들

다. 활용한 ENGAGE 플랫폼의 유료버전을 통해 3D 오브젝트들을 자유롭게 추가하여 구성함으로써 다양한 테마파크를 만들어보고, 발표해보는 프로젝트형 수업으로 2시간을 구성하였다. 2021년 총 10개교 212명의 고등학생이 참여하였다.

중학생 대상으로 별도의 메타버스 체험 프로그램을 구성하였다. 이는 대학교로 현장학습을 오는 중학교의 요구를 반영하여, 이에 맞추어 프로그램을 설계하였다. 중학교는 자유학년제 등, 여러 체험학습의 요구가 많으며, 특히 광주 근교 전남지역 중학교의 경우 전남대학교를 방문하여 진로진학을 탐색해보는 프로그램에 대한 요구가 상당하다. 이를 반영하여, 2시간가량의 가상현실과 메타버스를 체험할 수 있는 프로그램을 제공하였다. 메타버스 프로그램 〈Virbela〉, 〈ENGAGE〉 등을 체험해보고, 모니터 스크린과 HMD 디스플레이의 차이를 경험하였다. 전남지역 중학교들이 다수 참여하였으며, 2021년 동안 총 7개교 301명의 중학생이 참여하였다.

국내에 메타버스 기반 교육 행사로 2021년 3월 순천향대학교의

그림 2 메타버스 진로진학 박람회 모습

이프랜드 입학식이 가장 잘 알려져 있다. 그러나 그보다 앞선 2020년 10월에 이미 전남대학교 교육문제연구소는 메타버스 〈Virbela〉를 활용하여 지역 고교생 대상 진로진학 프로그램을 실시하였다. 이는 2021년 5월 국내 학술대회에 소개되었으며, 2021년 8월 국내 학술지를 통해서 공개되었다(임태형, 양은별, 김국현, 류지헌, 2021). 이 사례는 교육학 분야에서 메타버스를 적용한 교육프로그램 설계의 매우 선도적인 사례로 수십 차례 인용되고 있기도 하다.

그 이후, 2021년 10월, 전남교육청의 전남대학교 파견 교육협력관과 교육문제연구소가 협업하여, 전남고교생 200여 명을 대상으로 메타버스 기반 진로·진학멘토링을 기획하였다. 전남대학교 각 학과 교수 및 전공 홍보도우미 대학생들이 참여하여 각 부스별로 진로진학 상담이 이루어졌다. EBS유명강사의 진로진학 특강도 이루어졌다. 이는 전국적으로 매우 선도적인 시도였으며, 혁신적 사례로 전국에 활발히 소개되었다.

이후에도 추가적으로 고등학생과 중학생 대상으로 메타버스기반 진로진학 멘토링을 실시하였다. 전남대학교 학과별 교수님 및 재학생들을 메타버스를 통해서 만나보고, 진로에 대해 궁금한 것을 질문하고 답변을 받아볼 수 있는 기회를 제공하였다.

3 교수자를 위한 메타버스 교수법 워크숍

교육문제연구소는 중등교원을 위한 연수를 제공하기도 했다. 지역교육청과 연계하여 현장맞춤형연수를 그동안 지속적으로 제공해오고 있다. 이러한 지역에의 요구를 반영하여, 전남대학교 교육문제연구소가 〈V-Story〉 활용 연수를 다수 진행하였다.

기존의 단순 체험과 비교했을 때, 교수자 대상 교육의 핵심은 '수업에 어떻게 활용할 수 있는가?'이다. 〈V-Story〉는 타 메타버스 프로그램과 비교했을 때, '다수 대상 원격 회의'에 매우 최적화되어있다. 2,000여명을 동시 수용이 가능한 것은 매우 큰 장점이다. 이는 100명, 200명 단위의 대형 학교 행사 목적으로도 활용이 가능하다는 의미이다. 또한 강의에 필요한 프레젠테이션 기능은 기본이며, 프로젝트 발표수업이 가능한 전시관, 컴퓨터기반 수업이 가능한 컴퓨터실 등 다양한 유형의 공간을 제공하는 것 또한 장점이다. 이런 장점들을 중등교육 현장에서 십분 활용할 수 있도록 교육프로그램을 설계하여 제공하였다.

2021년 2학기 전남대학교는 본부 차원에서 메타버스를 원격교육 플랫폼으로 시범도입하였다. 교육혁신본부의 〈더티칭랩〉 프로그램을 통해 20여 명의 교수자를 모집하고, 이들이 담당한 교과목을 ZOOM

그림 3 메타버스 활용 교사 연수

그림 4 메타버스 내 강의동 모습

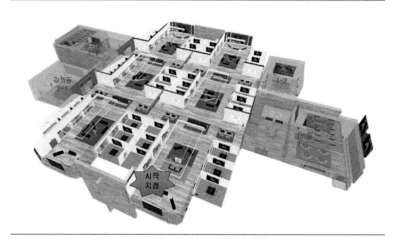

이 아닌 메타버스 〈V−Story〉로 진행하였다. 수강생 700여 명이 참여
했으며, 교수자와 학생들 대상의 교육을 전남대학교 교육문제연구소
가 담당하였다.

그림 5 공간 실재감을 높이기 위한 요소들

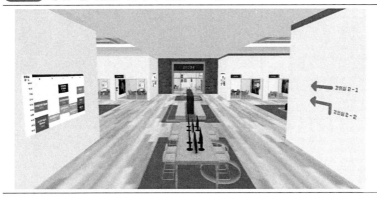

대학 수업의 특징은 전공별로 매우 수업 방식이 자율화되어있다는 점이다. 일반 강의식, 프로젝트식, 토론식 다양한 유형의 자율적 수업이 운영된다. 이러한 요구를 반영하기 위해서는 수업환경을 메타버스 내에서 자율적으로 조작할 수 있는 기능이 필요했으며, 이는 〈V-Story〉에서 컨트롤할 수 있다.

관리하는 입장에서는 먼저 공동의 '강의동' 건물을 구축하는 것이 필요했다. 그래야 학생들이 동시에 한 공간에 접속해서 '공유된 공간성(shared spatiality)'을 지각할 수 있기 때문이다. 4개의 큰 강의실 및 36개의 작은 스터디실로 구성하였다. 강의동 건물이라는 공간적 실재감을 제공하기 위해 벽면에는 강의실별 시간표를 부착하기도 하였다.

수업 방법 측면에서 교수자는 강의식 수업, 토론식 수업, 협동식 수업 등 다양한 유형을 선택할 수 있다. 물리적 교실에서 이를 구사하려면 책상 배치를 전환한다거나 하는 절차가 필요하지만, 메타버스 교실에서는 마우스 클릭 한 번만으로도 가능하다. 원형 그룹테이블, 1인용 테이블, 2인용 마주보기 테이블, 혹은 테이블 치우기 등의 기능들을 곧바로 선택할 수 있는 교수자용 기능을 제공하고 있다.

수업을 위한 상호작용 방법은 크게 두 가지이다. 첫째, 교수자의 '언어적 상호작용'이며, 이는 마이크를 통한 음성과 텍스트 채팅을 사용할 수 있다. 두 번째는 프리젠테이션 기능을 활용하는 것이다. 〈V-Story〉 공간에는 많은 '스크린' 오브젝트들이 있다. 이 스크린을 클릭하면 프리젠테이션 도구가 활성화된다. 일정 등급 이상의 사용자는 이 프리젠테이션 도구를 통해 URL을 업로드하거나, 파일을 업로드할 수 있다. 이 기능을 열거하면 다음과 같다.

① URL 링크: 스크린에 처음 보이는 화면에 URL을 연결하는 기능이다. 기본은 구글 홈페이지로 연결되어 있다. 유튜브를 연결하여 동영상을 재생하거나 하는 방법으로 활용이 가능하다.

② 파일 업로드: PPT, PDF 등을 업로드할 수 있다. 강의 교안을 업로드 하는 목적으로 활용한다. PPT 애니메이션 기능은 활성화되지 않는다. 따라서 파일 용량을 줄여 PDF로 업로드하는 것이 일반적이다.

③ 화면공유: 교수자의 모니터1의 화면을 송출하게 된다. PC 시스템 음성은 출력되지 않는다.

④ 웹캠: 교수자의 컴퓨터에 연결된 웹캠 화면을 송출하게 된다.

⑤ 발표자 도구: 레이저 포인터 기능이며, ❷키로 토글할 수 있다.

⑥ 소유권 갖기: 소유권을 가진 사용자 이외에 타인이 프리젠테이션을 조작하지 못하게 하는 기능이다.

위의 기본적인 프리젠테이션 도구는 ZOOM과 같은 화상도구에서 일반적으로 지원하는 기능이며, 이러한 기능들은 대부분의 메타버스 프로그램에도 지원이 되는 기능들이다. 중요한 것은 교수자의 능숙한 활용 역량이라고 할 수 있다. 실제 메타버스로 수업이 운영되는 기간 동안 운영팀은 기술지원 TA를 교수님들께 매칭하여 실시간 수업을 지원할 수 있도록 하였다. 이 프로젝트의 통계는 다음과 같다. 총 27과목 지원, 참여 교수 18명, 참여 학생 700여 명이었다. 기술지원 TA의 투입 횟수 115건, 총 184.5시간을 지원하였다. 이후, 대학생들 700여 명 대상으로도 워크숍을 실시했다. 간단한 조작법, 감정표현법, 스터디실 사용시간표 등을 안내했다.

 ## 4   메타버스의 교수-학습적 활용에 대한 함의점

가상공간성(virtual spatiality)은 현실 물리적 공간이 아닌, 컴퓨터 그래픽으로 구현된 3D 공간이라는 점을 의미한다. 이는 메타버스라는 기술에서 학습 목적으로 활용할 때 매우 큰 장점을 지닌다. 우리는 교수·학습 방법적으로 학습 환경의 맥락을 매우 큰 요인으로 생각한다. 그래서 현장 체험학습과 같은 교육 방법은 큰 효과가 있다. 서울의 경복궁에 대해 공부하기 위해 가장 좋은 방법은 직접 경복궁을 찾아가서 보고 느끼는 것이다. 그러나 태양계 화성에 대해서 배우기 위해 현장을 방문하는 것은 물리적으로 불가능하다. 메타버스의 가상공간성은 이 불가능과의 거리를 좁혀줄 수 있다.

메타버스 내 공간을 학습상황·맥락에 맞추어 제공한다면 수업 몰입을 높일 수 있을 것이다. 예로 과학 시간에 화성에 대해 배운다면, 메타버스 내에 화성 탐사 콘텐츠로 접속하여 화성 표면을 우주복을 입고 돌아다니면서 학습을 진행할 수 있다. 혹은 인체해부학 수업이라면, 해부실습실 콘텐츠로 접속하여 인체의 뼈를 조립하는 등의 학습활동을 해볼 수 있다. 이처럼 상황학습 맥락에서 메타버스의 가상공간성은 매우 큰 힘을 발휘한다. 그러나 많은 메타버스 플랫폼들 중, 이러한 기능을 제공하는 플랫폼은 소수이다. 'ENGAGE', 'Spatial' 등 HMD접속을 지원하는 소수의 플랫폼만이 이러한 맥락의 학습을 지원할 수 있다. 그 외에 메타버스를 표방하는 플랫폼들은 이러한 목적의 기능을 지원하지 않는다.

공유된 공간성(shared spatiality)은 다중 접속자가 동시에 접속하여 서로를 인지하는 공존감의 개념이다. 이는 메타버스가 기존 가상현실과 뚜렷이 대비되는 차이점이다. 기존 가상현실 체험은 1인으로서 경험에 초점을 두지만, 메타버스는 다양한 사용자들과의 상호작용을 전제로 하기 때문이다. 이에 우리는 타인과 같은 공간에 있다는 공존감을 느끼게 되고, 이점이 상호간 사회적 실재감(social presence)을 높여줄 수 있다. 이는 매개된 환경에서 학습경험을 설명할 수 있는 매우 중요한 이론이다.

공유된 공간성을 인지하기 위해서는 시야(field of view)에 타인이 온전히 인지되어야 한다. 이는 사용자가 캐릭터의 위치를 조정하거나 시점을 숄더뷰(shoulder view)나 1인칭뷰(first-person view) 등으로 조정하면서 시야에 들어오는 타인들의 수를 조절하면서 가능하다. 3D 기반의 가상공간에서는 이와 같은 시점의 조정이 실제 인간이 인지하는 시점을 닮아있기에 더욱 실재감을 느낄 수 있다. 그러나 2D기반의 메타버스 플랫폼에서는 대부분 탑뷰(top view) 형식을 따르고 있기에 실제 인간이 인지하는 시점과는 괴리가 있어 몰입감을 느끼기가 어렵다.

5 마치며

이상으로 메타버스가 교수-학습적으로 활용된 사례 및 교육에의 함의점을 살펴보았다. 2021년과 2022년은 말 그대로 메타버스 홍수의 시대이며, 수많은 교육현장에서 메타버스가 활용되었다. 아쉬운 점은 메타버스를 단순히 가상을 뜻하는 '메타'와 세계를 뜻하는 '버스'로만 해석하여, 2차원이든 3차원이든 가리지 않고 모두 '메타버스'로 칭했다는 것이다. 기원적으로 메타버스는 3차원의 가상현실 세계를 타인과 상호작용할 수 있는 공유된 세상으로 만들었다는 것이 핵심이다. 그러기 위해서는 현실을 모방한 3차원의 세계 구현이 핵심이다.

그러나 단순히 2차원으로 구현된 탑뷰 방식의 세계도 대중이 메타버스라고 불렀기 때문에 언어의 사회성에 의해서 〈게더타운〉이나 〈ZEP〉과 같은 탑뷰 방식의 2D기반 툴도 우리가 메타버스라고 불렀다. 이러한 2D기반 툴은 물리적 엔진에 있어서 근본적 한계점이 있다. 몰입형 디스플레이 접속을 지원하지도 못할 뿐더러, 인간 시점과의 괴리 때문에 몰입감과 실재감을 경험하기 부족하다.

그럼에도 불구하고 가상공간으로서 메타버스를 교수-학습적으로 활용한 사례들은 매우 많이 보고되었으며, 게임 요소들을 활용한 다양한 수업사례들이 보고되고 공유된 것은 분명 우리 교육계의 큰 성과이다. 향후 심도있는 교육적 논의를 바탕으로 메타버스기반 교육이 더 발전하기를 바란다.

메타버스 기반의 K-MOOC 콘텐츠 개발사례

김민정_단국대학교 교직교육과

개요

여기에서는 메타버스를 활용한 온라인 콘텐츠 개발사례를 제시하였다. 그리고 메타버스에 접속하는 방식에 따른 적용사례를 구분했다. 먼저 HMD 기반의 적용사례에서는 가상공간에서의 입체적인 공간설계라는 측면에 초점을 두었다. 또한 실시간 활용이 중요한 상황과 비실시간으로도 운영될 수 있는 상황에 따른 개발사례를 비교하고, 실시간 접속여부에 따른 특징을 비교했다. 끝으로 PC 기반으로 사용할 수 있는 메타버스에서의 활용사례를 분석했다. 이를 통해 K-MOOC 콘텐츠를 메타버스에서 구현할 때 고려해야 하는 환경적인 요인에 따라서 실제 콘텐츠의 개발양상을 비교할 수 있을 것이다.

K-MOOC을 메타버스에서 구현하기 위해서는 다양한 요인을 고려해야 한다. 여기에서는 메타버스에서 구현할 때, 입체적인 공간의 구현가능성, 실시간 접속의 필요성 여부에 따른 구현사례, PC기반의 메타버스에서의 구현사례를 살펴보았다. 각 개발사례를 통해서 메타버스 학습환경을 어떻게 개발해야 하는가에 대해서 논의하였다.

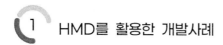

1 HMD를 활용한 개발사례

메타버스는 기본적으로 가상의 체험을 제공하는 학습공간이다. 메타버스의 기술 수준도 매우 다양한데, 어느 정도의 기술 수준과 학습자의 몰입수준이 K−MOOC 학습자에게 적절한가에 대한 탐색이 필요하다. 따라서 사례1에서는 각기 다양한 메타버스 플랫폼과 몰입형 장비(Head Mount Display: HMD)를 활용해보고 이에 대한 학습자의 반응을 통해 K−MOOC에 적합한 메타버스의 플랫폼이나 장비에 대해 알아보았다.

연구에 사용된 메타버스 플랫폼은 3D기반의 실감성이 높은 Spatial, Virbela와 2D기반의 GatherTown이었다. 이 중 Spatial은 학습자의 몰입감을 더욱 강화하기 위하여 HMD를 활용하여 K−MOOC 교육을 받게 하였고(사례에 사용된 K−MOOC 강좌는 김민정외 4인의 "미래교수법 1, 2"), Virbela와 GatherTown은 HMD의 착용 없이 PC 기반으로 3D 환경에서 교육을 경험하게 하였다. 여기에서의 교육경험의

그림 1 HMD를 착용한 수업장면

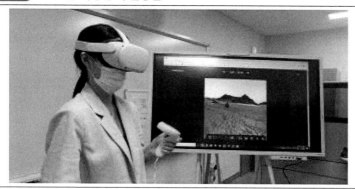

표 1 사례1에 사용된 메타버스 플랫폼

사용된 메타버스 플랫폼	개요
	• Spatial • 3D 환경 • HMD사용 경험 제공 • HMD를 통한 몰입형 환경에서 영상강의
	• Virbela • 3D 환경 • PC사용 경험 • 3D공간에서 영상강의
	• GatherTown • 2D 기반 • PC사용 경험 • 평면적 영상강의

기존의 콘텐츠에 대한 내용 학습 경험이 대부분이었다.

　기존의 K-MOOC 강좌의 콘텐츠들이 평면적인 경험만을 제공한다는 비판이 있어, 이를 보완하고자 HMD 기반의 K-MOOC 학습 콘텐츠 활용 경험을 K-MOOC 강좌 수강생들(44명)에게 가지게 한 다음, 그 반응을 조사하였다. 학습자들은 사전교육을 통해, HMD 사용 방법과 메타버스 사용 방법을 훈련받았고, HMD를 각기 다른 4개의 메타버스 플랫폼에서 HMD를 활용하여 콘텐츠를 시청하거나, 또는 메타버스 내에서 기존의 K-MOOC를 바로 시청하는 형태로 학습 경험을 하였다.

활용결과, 플랫폼에 따라 학습자들이 지각한 유희성, 메타버스 학습경험에 대한 자기효능감, 메타버스의 유용성에 대한 지각은 플랫폼별로 차이가 없었다. 다만, HMD를 사용하는 것에 대해서는 시각적 피로감, 피로도 수준, 착용에 따른 불편감을 보고했고, 장점으로는 HMD를 사용함으로써 학습할 때 주의 분산이 방지되는 수준이라고 하였다.

이러한 연구의 결과는 K-MOOC에서 고기능적 테크놀로지 기반의 메타버스 활용 경험이 저기능 테크놀로지 기반 메타버스의 활용 경험과 유의미한 차이를 보이지 않았음을 의미한다. 이러한 연구 결과가 나온 이유는 본 사례에서 사용한 K-MOOC의 영상콘텐츠가 기존 K-MOOC 강좌에서 활용하던 형식의 강의식 콘텐츠였기 때문으로 판단되었다. 학습자들은 다양한 실감형 기술을 필요로 하는 다양한 K-MOOC 강좌 콘텐츠가 있었으면 3D 기반의 고몰입형 메타버스 환경이 도움이 되었겠지만, 현재 수준의 일반 강의형 영상을 메타버스에서 활용하기 위해서는 굳이 높은 수준의 기술이 필요한 플랫폼과 장비의 활용이 필요 없는 것으로 인식했음을 의미한다.

 2 **실시간 활용을 위한 개발사례**

K-MOOC 강좌에서 학습을 위한 충분한 상호작용의 부족은 항상 지적되는 이슈이다. 이러한 교수-학습 지원의 단점을 보완하고자, 기존 K-MOOC의 강좌에 실시간 교육 시간을 메타버스에서 운영하여 학습자들이 한자리에 모여 상호작용을 촉진하는 학습경험을

그림 2 메타버스에서 실시간 K-MOOC 교육의 운영

제공할 수 있는 사례를 개발했다. 기존의 K-MOOC 강좌에서도 학습자들의 학습 욕구를 충족시켜주기 위하여 실시간 특강이나 교수자와의 만남 등을 한 번씩 운영하는 노력을 하고 있지만, 이런 경우, 물리적 공간의 확보나 이동 거리 등이 여전히 모든 학습자를 만족시키기는 어려웠다.

이 사례에서는 2022년에 운영된 K-MOOC 강좌 중 미래를 위한 교수법 1과 2의 강좌에서 각 강좌의 마지막 주차를 메타버스에서의 협업 과제 수행의 시간으로 운영하였다. 단순히 강의만 실시간으로 하는 것은 상호작용의 증진에 크게 도움이 되지 않을 수 있다는 연구진의 판단으로, 8주차의 강좌 중에 전체 학습 내용을 활용하여 응용하는 과제를 수행해야 하는 마지막 주차 수업을 메타버스에서 상호작용이 있는 교수-학습활동으로 만들어 운영하였다.

이에 대해 강좌가 시작되는 초반부터 마지막 주차 수업이 메타버스에서 실시간으로 운영됨을 K-MOOC 강좌페이지나 이메일을 통해 홍보하였다. 본 강좌는 이수증이 발급되는 강좌가 아니었으므로 학기마다 전체 주차에 대한 이수율이 약 10% 정도가 평균적인 이수율인데, 이수자의 절반 정도인 전체 수강인원의 약 5% 정도의 인원이 실시간 메타버스 수업에 참여하였다.

실시간 메타버스 강좌 운영 시간에는 지난 7주간 배운 내용의 리뷰, 그것을 토대로 한 적용 과제를 수행하고, 동료학습자와 자신들의 학습경험을 공유하는 등 활발한 상호작용이 이루어졌다. 메타버스 실시간 K-MOOC 강좌에 참여한 학습자들은 교수자와의 실제적 만남, 배운 내용과 학습경험의 공유에 대해 매우 긍정적인 피드백을 하였다.

그러나 이 사례에서의 아쉬운 점은 전체 수강생 중 실시간 교육 참여를 통하여 충분한 상호작용을 경험한 학습자가 전체 수강자의 약 5% 미만이라는 점이다. 이는 비실시간 교육을 중심으로 이루어지는 MOOC의 학습자들이 실시간 상호작용을 기반으로 하는 메타버스 학습활동에 과연 적절하냐는 이슈를 제기하였다.

 3 **자기주도학습을 위한 비실시간 개발사례**

앞서 소개한 두 번째 사례에서는 두 가지의 제약점이 발견되었다. 첫째, K-MOOC 학습자의 특성상 직장인 성인 학습자가 많아, 일정한 시간에 실시간으로 이루어지는 데 참여 제약이 많은 것으로 나타났다. 둘째, 학습을 위한 플랫폼을 각기 다른 두 가지(온라인 강좌 수강을 위해서는 기존 K-MOOC 사이트 사용, 상호작용 지원이 있는 토론 및 과제 수행을 위해서는 Virbela 기반 메타버스 사이트)를 활용하다 보니, 두 곳을 오가며 학습하는 것이 번거롭다는 피드백이 있었다.

이러한 불편함을 조금이라도 보완해보기 위하여 메타버스에서 자신들이 편한 시간에 와서 K-MOOC 학습을 할 수 있는 강좌 수강

그림 3 메타버스 공간에서의 K_MOOC 콘텐츠 제시 환경

을 위한 공간과 실시간 학습이 일어나는 공간을 동시에 마련하고 자율적으로 활용하도록 운영을 해보았다. 강좌수강을 위한 학습공간은 전시장과 같은 공간에 해당 강좌의 모든 차시를 다 제공하고, 학습자들은 편한 시간에 접속하여 공간 이동을 통하여 자유롭게 학습을 하도록 계획된 곳이었다.

　　메타버스에서 강의수강을 위한 환경은 3D 학습공간에 학습 콘텐츠를 주차별로 부스를 만들어 두어 원하는 차시의 수강이 가능하도록 하였다([그림 3] 참고). 기존 K-MOOC 플랫폼은 자신이 수강하는 동안 다른 학습자를 만나거나 다른 사람이 학습하는 모습은 볼 수 없었지만, 메타버스의 공간에서는 자기가 학습하는 동안 학습하러 온 다른 학습자가 있으면 그들의 아바타가 보이므로 같이 공부하는 동료 학습자를 확인할 수 있었다. 그리고 기존 K-MOOC 학습에서는 수강 중 질문이나 의견이 있으면 강좌에서 나가 게시판이나 이메일을 사용해야 하지만, 메타버스 공간에서는 각 주차별 학습 부스에 바로 질문 내용을 올릴 수 있도록 하여 학습을 지원하고자 하였다.

사례3에서는 학습공간을 한 곳으로 통일하여 비실시간 콘텐츠 학습과 실시간 과제 학습을 위한 공간을 함께 제공했음에도 불구하고 사례2와 유사하게 전체 메타버스 이용자의 수는 눈에 띄게 늘어나지는 않았다. 이러한 원인을 파악하기 위하여, 학습자 설문과 인터뷰를 하였는데, 이때 많은 학습자는 간편 접속의 이슈나 새로운 학습 환경에 익숙하지 않음을 그 원인으로 제시하였다.

반면, 메타버스에서 자기주도적으로 여러 차시를 학습해본 학습자들은 게시판으로 학습목록이 제시될 때보다 한눈에 전체 강좌를 볼 수 있어 해당 강좌의 내용이해에 대한 큰 그림을 그리기에 좋고, 함께 공부하는 학습자를 간간이 볼 수 있어서 학습고립감이 덜하다는 의견을 제시하였다.

4 PC형 메타버스의 개발사례

사례3에서 발견된 메타버스의 활용과 관련된 이슈는 학습자들은 메타버스의 활용이 기존의 K-MOOC 학습 환경과 비교하면 테크놀로지 활용 측면의 부담감을 여전히 제공한다는 점이었다. 이러한 부분에 착안하여 사례4에서는 테크놀로지 진입장벽이 낮은 2D 기반의 메타버스 학습 환경을 기존의 K-MOOC 플랫폼에서 활용해보고 학습자들의 반응을 보기로 하였다.

사례4에서는 사례1, 2, 3에서 사용한 3D 기반의 고기능 메타버스 환경을 활용하지 않고, 2D 기반의 가상 학습공간을 만들어 학습자들에게 제공해보았다. 사례1, 2, 3에 활용된 메타버스의 활용을 위해

그림 4 PC형 메타버스에서의 학습활동

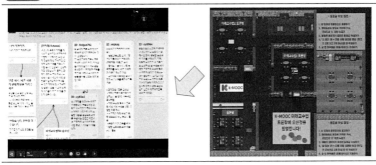

서는 기본적으로 새로운 프로그램을 깔고 아바타를 꾸미고 공간이동이나 메타버스 내의 기능을 원활히 활용하기 위해 다양한 기능을 숙지하고 하는 식의 노력이 필요했다면, 사례4에서 활용한 2D 기반의 메타버스는 환경은 기존 K-MOOC 강좌페이지에서 링크만 타고 들어가면 방향키로 이동할 수 있고 담벼락 형태의 토론 방에서 클릭해서 손쉽게 글을 작성하면 되는 직관적 수준의 테크놀로지 기반 학습환경이었다([그림 4] 참고).

사례4와 같이 운영해 본 결과, 테크놀로지 진입장벽이 조금 낮아졌다고 해서 K-MOOC에서 메타버스의 이용자가 이전의 다른 사례와 비교할 때 유의미하게 증가하지는 않았다. 이는 K-MOOC 교과의 전체 이수율과 K-MOOC 학습자들의 특성 때문으로 판단되었다. K-MOOC에서의 메타버스의 활용에 대해서는 이수자나 미이수자모두 흥미롭다는 반응을 했으나, 실제로는 학습을 위해 부가적 시간과 노력이 요구되는 학습활동을 하지 않은 것으로 학습자들은 설문에답변하였다. 이러한 결과는 메타버스 플랫폼의 테크놀로지 수준을 낮춘다고 메타버스 활용을 크게 증가시킬 수 있는 것은 아님을 의미한다. 반면에 자발적 참여 의지와 학습동기를 가진 학습자들이 메타버스와 같은 다양한 학습 경험을 선호하므로 이들이 테크놀로지 활용 때문에 그런 학습경험을 못 하는 일이 발생하지 않도록 체계적인 지원을 해야 함을 의미한다.

사례4의 메타버스 공간에서 이루어진 학습활동 중 토론 내용의 질을 기존 K-MOOC 플랫폼에서의 토론과 비교를 해보면, 더욱 유의미한 의미를 찾을 수 있다. 기존의 K-MOOC 플랫폼에서 토론은 의무적으로 글의 개수를 채우거나 다른 학습자의 글을 일일이 열어서 보며 상호작용적인 글을 다는 경우가 상대적으로 적었는데, 메타버스 환경에서 공개된 하나의 공간적 토론방에서 토론이 이루어질 때는 일방향적인 의견을 남기는 글보다는 남의 글을 보고 연관지어 의견을 제시하는 경우가 유의미하게 많은 것을 발견할 수 있었다. 이는 개방적인 공간이 학습에서의 상호작용의 질적 측면을 증진시킬 수도 있음을 의미하는 것이다.

디지털인문학과 지역교육을 위한 메타버스

오종현_전남대학교 교육문제연구소

개요

지역교육청은 개별 지역의 교육을 담당한다. 일반적으로 담당 영역이 집중되어 있기보다는 산재해 있으며, 광범위하게 분포되어 있다. 이러한 상황 속에서 이루어진 교사 대상 메타버스 연수는 몇 가지 특이성을 지닌다. 먼저, 대상의 다양한 PC활용 능력 및 프로그램 활용능력에 따른 교육활동이다. 다음으로는 특정 프로그램 중심의 교육활동보다는 교사들의 유연성과 대응능력을 향상시키는 내용 중심의 교육활동이다. 마지막으로는 메타버스를 활용한 문제 중심 학습법 기반 연수의 목표를 설정하여야 한다는 것이다. 이러한 점을 고민할 때에 메타버스를 활용한 더 나은 교육활동이 진행될 수 있을 것이다.

 지역교육청과의 연계활동

근대학문의 발전은 자연스럽게 교육의 발전과 그 궤를 같이한다. 분야를 구분하고, 세분화, 전문화 고도화되는 과정 속에서 그에 걸맞은 인재를 육성하고, 이를 통하여 각 학문분야의 발전이 진행되어 오게 된 것이다. 이러한 가운데 교육은 한 국가의 발전방향을 결정짓지만 역으로 국가에 의해 미래 방향성에 맞는 공교육을 실시하기도 한다. 이러한 양상은 포스트모더니즘이 발달하는 가운데 특히 난점을 노출하게 되는데, 개별 지역이 가지고 있는 배경과 특색, 가치에 대한 논의를 공교육에 포함시키기 어렵기 때문이다.

결국 지역 교육청의 설립과 활동에는 중앙 중심의 획일화된 구성과 활동이 지니고 있는 한계점을 인식하고, 지역별 특징과 개성을 살림과 동시에 사회 전반의 고른 발전을 위해 노력한다는 목표성에 따른 것이다. 즉, 획일성보다는 다양성이 강조되는 사회 환경 속에서 그에 걸맞은 교육가치 실현을 위하여 교육청이 설립 및 운영되고 있는 것이다.

특히, 기술공학이 발달하면서 지역사회에서 발생할 수 있는 많은 인문학적인 고민과 연구에 디지털기술을 적용하는 노력이 전개되기 시작했다. 이와 같은 디지털인문학(digital humanities)이라는 관점에서 지역교육청의 활동을 접근할 필요가 있다. 디지털인문학은 디지털기술을 인문학적인 주제에 적용하는 것으로 여기에서는 디지털 매체인 메타버스와의 결합을 통해서 지역의 교육적 가치를 공유하기 위한 노력을 의미한다. 지역교육의 활성화를 위해서 학생들에게 미래가치를 제시하고 세계시민으로서의 가치를 부여하는 작업이 필요하다. 세계시민의 가치와 미래가치 등의 문제는 우리의 지역교육을 위해서 꼭 필요한 인문학적 접근이라고 할 수 있다. 디지털기술을 바탕으로 현대사회의 다양성과 개인의 가치를 중심으로 어떻게 지역교육 공동체의 문제로 접근할 것이지를 고민해야 한다. 지역교육청에서는 이와 같은 사회문화적으로 편재되어 있는 가치를 교육의 문제로 전환함과 동시에 지역 시민이 당면하는 현대 사회의 문제를 모두 포괄해야 하는 것이다.

일련의 상황 속에서 지역교육청의 역할은 이중적이다. 기본적으로는 지역 내 학습자들에게 공동체의 구성원이자 시민으로서 살아가기 위한 기본적은 공동적인 교육 가치를 제공하여야 한다. 이는 단지 지역의 구성원으로서 뿐만 아니라, 세계시민으로서의 가치를 부여하는 작업이다. 다른 한편으로는 진학과 진로에 관련한 교육 노력을 지속하여야 한다. 학습을 받는 개인 한 명 한 명은 미래가치를 내재한 존재이다. 특히 이들이 삶을 살아감에 있어서 어떠한 직업과 진로를 선택해 나아가는가는 개인의 삶의 만족을 넘어, 국가 전체적인 발전의 문제와 엮여있는 것이라 할 수 있다. 즉 지역교육청은 때에 따라 모순되는 가치를 실현해야 하는 상황이다. 특히 디지털기술의 발달과 더불어 사회·경제 시스템 전반의 변환 앞에서 디지털인문학적인 접근이 더욱 중요해지고 있다.

2 공간의 개념구분

지역이라는 단어는 종종 지방이라는 단어와 겹쳐진다. 전자가 분류를 위한 개념이자 구획을 위한 개념이고, 후자가 중앙과 대치되는 개념으로 종종 사용되는 용어임에도 불구하고, 양자는 종종 하나의 의미를 내재하는 것으로 여겨진다. 특히나 이 용어는 사회·경제적인 문제들과 겹쳐질 때 사회 내부에서 이러한 시각이 강하게 드러나는 것을 볼 수 있다. 그러나 순수하게 지역의 개념으로 바라볼 때,

광주·전남 지역이 가지고 있는 특수함은 교육의 문제와 직결되는 부분이 있다.

첫째로 물리적 공간의 문제가 상정된다. 전라남도는 육지의 면적이라는 요소만 놓고 보면 여타 도에 비해 압도적으로 큰 상황은 아니다. 그러나 이를 인간 중심의 문제로 놓고 보면 이야기는 달라진다. 결국 육지의 면적을 가늠하는 행위조차 인간이 살고 있는 터전 간의 거리를 의미하는 것이기 때문이다. 도서지역에서 뭍으로 나오기까지 소모되는 시간은 단순한 문제이면서도 복잡한 문제이다. 비용의 효율성을 중요시하는 상황 속에서 내재된 어려움은 단시간에 극복되기 어려운 것이라 할 수 있다. 이와 함께 수도권과의 비교문제는 '지방'이라는 명칭을 받는 지역의 공통된 고민이라고 할 수 있다. 특히 대한민국과 같이 중앙 집중화가 고도로 이루어진 나라에서는 사회·경제·문화적으로 극복하기 어려운 형태의 문제점을 야기한다. 결론적으로 물리적 공간의 문제는 위계적으로 구조화된 것이라 볼 수 있으며, 실측상의 물리적 공간에 따른 것이 아닌 시간을 기반으로 한 물리적 공간의 문제라 할 수 있다.

둘째로 심리적 공간의 문제이다. 인간은 두 발을 땅에 딛고, 일정한 영역에서 대다수의 시간을 보내며 살아간다. 즉 물리적 공간에 의해 사고가 구성되거나 심지어는 지배되기도 한다. 이러한 상황 속에서 물리적인 공간이 주는 어려움은 심리적인 문제를 야기한다. 즉, 지역을 구성하고 있는 공간들 사이에 심리적인 공백이 발생하게 되는 것이다. 예를 들어 도서지역의 경우 명백히 '뭍'과 '섬'이라는 구분이 존재한다. 눈앞에 펼쳐진 바다는 언제든 건너갈 수 있는 공간임과 동시에 자유로운 사고를 막는 장애물로 작동하기도 한다. 도서지역에 거주하는 학생들은 무엇을 생각하든 바다는 선제적인 고려요소가 되어야하며, 이로 인해 심리적으로 위축시키는 도구가 되기도 한다.

다음으로는 경제적 공간의 문제이다. 인간은 자신이 성장하는 과정에서 자신의 보호자가 진행하고 있는 경제적 행위에 영향을 받는다. 많은 경우에 광주·전남지역의 학생들은 성인이 된 이후에 자신이 할 수 있는 일을 상상하는 데 있어서 한계를 지닌다. 이는 단순히 주변인들이 얼마나 많은 경제적 능력을 지니는가의 문제가 아니다. 이는 정보의 문제이자 가능성의 문제로 자신의 삶을 상정하는 데 있어서 '다양성'을 갖는가, 그렇지 않은가의 문제라 할 수 있다. 다양한 직업에 대한 경험과 접촉 부재는 상상력의 한계를 낳기 마련이며 미래세대가 스스로 자신의 경제 영역을 규정하고, 상상하는 데 있어서 한계를 맞이하게 됨을 의미한다.

지역은 물리적인 의미에서만 고민거리를 내재하는 것이 아니다. 심리적, 정서적 영역 또한 중요한 고려대상이다. 지역의 교사와 학생들은 실재적인 삶에 대한 어려움을 겪을 수 있는 문제점을 안고 있다. 이러한 인간의 삶과 관련된 가치중심적인 문제에 대해서 학생들에게 제공되는 정보의 양과 질의 불균형에서 오는 경우가 많다. 지역의 학생들은 종종 자신이 접하지 못한 세계를 상상하고, 극복해내야 하는 난제를 맞이하게 되는 것이다. 그래서 디지털기술을 활용하여 인문학적인 문제를 접근하는 것이 필요하다.

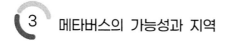

3 메타버스의 가능성과 지역

메타버스가 얼마나 완성된 프로그램으로 자리할 수 있는가는 크게 높은 자유도, 사회적 연결, 수익화라는 문제와 맞물린다. 메타버스는 인간이 실존하는 세계를 비실존 세계에 존재하게 만드는 데 목표의 방점이 찍혀 있다. 그리고 이를 위해 우리가 현실에서 겪는 혹은 목표로 하는 고민들을 공유하여야 한다. 높은 자유도는 이러한 문제와 직결된다. 이는 단순히 메타버스 공간 내에서 이동이 자유로워야 한다는 의미를 내재하는 것이기도 하지만 또 다르게 본다면 그 안에서 삶을 누리는 것과 같은 형태가 이루어져야 함을 의미한다. 일상생활, 교육, 친교, 엔터테인먼트와 같은 일상의 요소들을 디지털기술로 구현하는 것이 중요하다.

현대에 들어 많은 인간관계에 대한 어록은 공통적으로 인간관계에 너무 많은 에너지를 소모하지 말 것을 이야기한다. 역으로 이러한 어록들이 등장하고, 인기를 얻는 것에는 사람들이 타인에게 얼마나 많은 신경을 쓰고 있는지를 보여준다. 디지털인문학이라는 관점에서 인간은 타자와의 관계 속에서 자신의 가치와 위치를 정의하며, 이를 바탕으로 자신의 할 일과 방향성을 설정하기도 한다. 따라서 메타버스의 성공과 전반적인 활용을 위해서는 메타버스 공간 내에서 '관계망'을 온전히 구축할 수 있는 능력이 바탕되어야 한다.

여기에 수익성의 문제는 메타버스 프로그램 자체의 문제일 뿐만 아니라, 대중을 적극적으로 끌어들이는 요소이기도 하다. 거의 모든 사람들은 이익 앞에서 가장 민감하고, 먼저 움직이려 한다. 즉, 메타버스 공간이 운영하는 자와 참여하는 자 모두 수익성을 기대할 수 있는 공간이 된다면 메타버스는 최종적으로 성공할 수밖에 없는 프로그램이다.

메타버스의 성공 요소들은 다양한 형태로 공략되고 있다. 확장현실의 발전, 실감미디어 관련 기기의 발전, 메타버스 프로그램의 다양화, 사회적 연결망을 메타버스로 대신하려는 노력, 메타버스 전용상품의 제작과 판매 행위 등 일련의 움직임은 결국 메타버스를 성공으로 이끌기 위한 노력과 연결되는 것이다. 특히 국내외 굴지의 기업들이 메타버스에 보이는 관심과 투자는 메타버스에 대한 미래전망을 밝게 만들고 있다.

앞서 언급한 바와 같이 지역은 물리적, 심리적, 경제적인 공간이라는 장벽을 내재하고 있다. 일반적으로 이러한 장벽은 특이성을 형성해내기 마련이며 이를 기반으로 도리어 지역만의 독특한 문화나 가치를 갖게 된다. 즉 개별적 차이가 개성을 연출하는 상황을 만들어내는 것이다. 따라서 메타버스가 발전하는 과정은 곧 개성에 대한 고민이 주요하게 대두되어가는 과정이라 할 수 있다. 메타버스는 성공을 위해 '세계적인' 시스템 혹은 사회망을 갖추고자 하는 노력을 경주할 것이다. 이를 생각해 볼 때 개별 세계가 지니고 있는 개성은 종종 획일화와 통일성 앞에서 무너질 확률이 있다.

역사적으로 하나의 공간으로 엮으려는 시도는 개별 공간이 가지고 있는 개성의 배제를 의미해왔다. 예를 들어 근대 산업 문명이 발전하는 과정에서 지구는 물리적 거리는 동일하되, 시간적 거리는 극히 좁혀지는 형태로 변화하였다. "80일 간의 세계일주"는 오늘날 '8일 간의 세계일주'로 변주될 수 있으며, 각 지역의 정보는 수 초 내에 세계적으로 공유될 수 있는 연결망이 구성되어 있다.

이를 통해 볼 때 메타버스의 발전은 지역의 개성을 존중하기보다는 하나로 묶어내고, 상호 간에 이해하기 쉬운 형태로 구성하려고 할 가능성이 더 높다. 이러한 상황 속에서 지역이 메타버스를 활용하는 방식 중 하나는 '스피커'이다. 우리는 종종 불평등한 스피커를 갖는다. 동일한 내용의 발언을 하더라도, 어느 지역인가, 어떤 사람인가에 따라서 발언력의 크기가 달라지는 것이다. 메타버스 공간은 이러한 부분에서 정보의 평등화에 일조한다. 따라서 기존과 다른 크기의 스피커를 지닐 수 있는 기회를 제공할 것이다. 템포의 전환이다.

4 메타버스를 활용한 교사연수 사례

전라남도교육청은 AI기술의 활용능력 증대와 창의적 협력학습을 위하여 AI교실을 설치하고 있다. AI교실은 일차적으로는 노후화된 시설들을 교체하는 것임과 동시에 인공지능 교육을 비롯하여 다양한 교과·교육활동이 융복합적으로 이루어질 수 있도록 하는 것을 목표로 한다. 2022년 11월 현재까지 총 127개교가 선정되었으며 그에 관한 다양한 활용 방법과 구축 방법에 대해서 논의를 진행하고 있다.

4차 산업혁명기에 맞춰 교육현장을 AI를 기반으로 하는 형태로 변화하고자 하는 노력은 다양한 방법으로 이루어지고 있다. 특히 전남의 경우 지리적인 여건과 정보력 부재에 따른 어려움으로 인해 새로운 변화와 접근법의 중요성이 더욱 강하게 대두되고 있는 실정이다. 전남은 육상 지역의 넓이만 놓고 보았을 때 여타 지역보다 넓은 것은 아니다. 그러나 다수의 섬들이 분포하고 있고, 산간 오지와 벽지가 다수 자리잡고 있다.

이러한 상황하에서 AI교실의 구축은 하드웨어에 기반을 둔 새로운 토대를 구축하는 방법으로 각 학교에 AI교육 및 융합교육의 가능성을 부여한 것이라 할 수 있다. AI교실을 대상으로 이루어지는 교사연수는 AI시대에 AI기술과 메타버스를 활용하여 지역과 사회를 초연결망을 기반으로 하는 형태로 연계시키기 위한 노력이라고 할 수 있다.

메타버스를 통한 정보 공유 및 교육활동은 교사와 학생들에게 새로운 접근법의 가능성을 넓혀주는 것이다. 특히 교사연수의 경우 지역에서 교사가 갖는 특이성을 고려해야 한다. 지역의 경우 교육에 있어서 특정 정보가 있음을 이야기해줄 존재가 부족한 것을 넘어서 정보를 받아들일 수 있는 통로가 있음을 이야기해주는 것조차 부재한 실정이다. 이러한 상황 하에서 정보 전달자 자체에 대한 고민이 등장하게 된다.

기본적으로 전남의 경우 교사는 양질의 전달자이다. 비록 연령과 관심도에 따라 다양한 편차가 존재하지만, 비교적 고른 분포도를 보인다는 점, 전반적인 수준의 학력과 이해의 수준을 보인다는 점, 학생 및 지역민에게 높은 접근도를 지닌다는 점을 고려해 보았을 때 교사는 양질의 정보 및 시스템 전달자라고 할 수 있다.

따라서 교사연수를 진행함에 있어서 개별 교사가 지니는 역량이 학교 및 지역에 있는 미래세대의 역량이 될 수 있음을 강조할 필요가 있다. 또한 지역 전체를 대상으로 할 경우 개별 군이나 소규모 단위의 개성을 모두 고려하기 어려우므로 평균적이고, 일반적인 형태의 연수 활동 진행이 필요하다.

한편으로 AI기반 교육을 진행하려는 노력은 강사 및 교육체계의 부재라는 문제와 맞닿아 있다. 현실적으로 강사 및 교육시스템은 대도시를 중심으로 배포되어 있다. 이로 인해 지역학교의 경우 강사 초청 비용의 급증, 강사 수급에 있어서 질의 문제, 프로그램 다양화의 어려움을 겪게 된다. 이러한 어려움을 극복하기 위하여 도가 아닌 군단위의 교육지원청을 배경으로 한 연결 및 AI 활용능력 확장을 위한 노력이 필요한 실정이다. 이에 대하여 다음 절에서 다루고자 한다.

전라남도의 경우 교육과 관련한 주요활동은 크게 두 개의 영역으로 분리되어 있다. 초·중등학교의 경우 개별 교육지청이 담당하고 있으며, 고등학교의 경우 주요한 영역을 교육청이 직접 담당하고 있다. 이러한 구조는 교육지원청 단위의 활동을 고민하도록 만든다. 교육지원청은 본청의 지도를 받는 보조적인 존재로만 그치고 마는 것일까?

이 문제에 있어서 개별 지역이 가지고 있는 지역적 특이성을 염두함과 동시에 초등과 중등에 맞는 교육활동 지원이 필요하다. 즉 개별지원청 단위의 교육 연수는 보다 현장 밀착형 시스템이 필요하다. 앞서 언급한 AI교실과 관련한 교사연수가 보다 일반적인 내용을 교육하고, 연수 활동을 하는 것에 비하여, 개별 교육지원청의 경우 수업을 예시로 실시해보거나, 개별단위의 인원을 배정하여 보다 밀착형 연수를 진행하여야 한다.

교사연수를 진행하는 과정에서 메타버스 연수의 어려움은 예상외로 물리적인 것에 기인한다. 교사들은 연령과 관심도에 따라 노트북 및 개인 디지털 기기의 퍼포먼스가 차이를 보인다. 또한 연령과 이해도의 다양한 분포는 교수자로 하여금 연수 내용과 관련한 기준을 설정하는 데 어려움을 부여한다. 결국 교사 연수를 진행함에 있어서 확실한 효과를 얻기 위해서는 교수자가 다양한 학습대상을 상대로 이를 모두 교육할 수 있어야 함을 의미한다. 따라서 교수자뿐만 아니라 교수자를 보조할 인력에 대한 준비와 교육활동 또한 교수자의 강의만큼이나 중요하다고 할 수 있다.

더불어 연수시간에 따른 문제점이 존재한다. 메타버스는 통일된 하나의 프로그램이 아니다. 다양한 종류의 프로그램이 메타버스라는 개념 안에 존재하고 있으며, 이를 활용하는 방식의 경우 제각각 모두 다르게 설정되어 있다. 이는 곧 특정 프로그램을 통하여 성과를 낼 것을 종용하는 것이 아니라 상황의 변화에 따른 교사들의 탄력성과 대응 능력을 상승시키는 데 초점을 맞춰야 함을 의미한다.

예를 들어 본래 메타버스는 3D 가상세계를 기반으로 실제와 같은 현실감을 부여할 수 있어야 한다. 그러나 국내에서는 아직까지 2D 형태부터 3D형태에 이르는 모든 프로그램을 메타버스라 칭하고 있다. 이러한 다양성은 교사들로 하여금 어려움에 빠뜨린다. 다양한 분야와 프로그램에 대해 능동적으로 받아들이기 어려운 이들에게 자칫 교육 및 연수 활동이 헛수고로 끝날 수 있기 때문이다. 따라서 개별 프로그램의 활용법에 초점을 맞추기보다는 현재까지 널리 쓰이고 있는 메타버스 프로그램 전반에 대해 일정정도 수준을 습득할 수 있도록 해 주어야 한다.

무엇보다 메타버스의 활용 문제는 학생 중심의 과제 중심 활용의 시각을 견지하는 것이 중요하다. 교사의 대응 속도와 숙달 속도가 학생들의 그것을 따라가기 어려운 상황 속에서 교사들은 세부적인 영역까지 지도하는 것이 아니라, 학생들이 고심하고 스스로 문제를 해결해 나갈 수 있도록 돕는 역할이 되어야 한다. 즉 학습의 주도권을 교사가 아닌 학생이 쥘 수 있도록 돕되, 전반적인 방향성이 학생이 원하는 형태로 이루어지도록 만들어야 하는 것이다.

5 마치며

지역이라는 개념은 차이의 가치를 내재하고 있다. 개별 지역은 각 지역의 고유성, 특이성, 공동체성 등에 의해 각각 다른 속도와 사고, 관점을 가지고 세계를 바라보게 된다. 이러한 인문학적인 고민을 해결하기 위한 새로운 접근이 필요하다. 디지털시대의 보편적 도구를 활용한 디지털인문학과 메타버스를 동시에 고려해야 하는 시기가 도래했음을 인지해야 할 것이다.

메타버스는 디지털시대에 커뮤니케이션 공간이자, 핵심 전달 방식이다. 즉 환경이면서 그 자체가 매체가 되는 것이다. 이는 가상의 공간으로 현실의 것들을 최대한 비슷하게 옮기는 것을 기본으로 한다. 즉 가상공간과 현실공간의 구분이 옅어지게 만들고, 가상 속에서 보다 높은 자유도를 느낄 수 있도록 구축하는 것이다.

현장 교사들은 PC를 다루는 기술부터, 거주 및 활동 공간에 있어서 다양한 형태와 모습으로 편재해 있다. 이러한 상황 속에서 연수 프로그램은 교사 개인의 역량을 증폭시킬 수 있는 형태로 진행되어야 한다. 이와 함께 디지털인문학적인 접근을 이해할 수 있도록 유도하여야 하며, 학생들에게 일종의 '장'을 만들어 줄 수 있도록 교사에게 방향성을 제시하여야 한다.

12

문화예술과
감성 놀이터로서의 구축 사례

김수연_중앙대학교 다빈치교양대학

개요

메타버스 플랫폼은 최근 MZ세대의 소통과 공감 공간으로 주목받고 있다. 이 공간은 최근 2~3년간 메타버스 기술들이 급속도로 발전됨과 동시에 창조하는 경험 및 정서적 공감과 같은 힐링 경험을 할 수 있도록 폭넓은 환경을 제공하고 있으며 점차적으로 확대되고 있다. 여기에서는 메타버스 공간을 MZ세대를 위한 문화 예술을 생생하게 체험할 수 있는 공간으로 활용한 사례를 살펴보았다. 또한 메타버스를 즐거운 놀이공간으로 활용한 사례에 대해서도 알아보았다. 이러한 사례를 통해서 메타버스를 학습자의 재미와 흥미 요소를 담은 여가 웰빙 공간으로 만들기 위해 어떤 점들을 고려해야 하는지 논의하였다.

 놀이와 소통의 공간

놀이와 소통을 중심으로 한 핫플레이스 공간 이용뿐 아니라 최근에는 여가 문화 생활 중 쇼핑을 즐길 수 있는 메타버스 체험 사이트가 최근 급증하고 있다. 메타버스는 3.0의 진일보한 미디어로 참여자들의 사회적 상호작용을 적극적이고 활발히 이끌어 내고 자발적으로 수행하게 하는 여러 요인들을 내재하고 있다(이동은, 2022). 이러한 요인들을 활용해서 기업들은 자신들만의 스토리텔링을 메타버스에 녹여 마케팅에 힘쓰고 있다. 스토리텔링은 소비자가 제품에 대한 태도나 정서적 변화를 경험할 수 있게 하면서 제품에 대한 감정적 유대까지 생성하게 한다(이동은, 2022). '디올 어딕트 팝업 스토어'는 체험 서비스를 메타버스로 접할 수 있도록 구현하였고, 신라면 카페테리아는 기존 신라면보다 3배 매운 '신라면 제페토 큰사발'을 비롯해 취향대로 조리해 먹을 수 있는 이벤트들이 열었다. 보잉, 현대자동차, BMW 등 세계적으로 유명한 많은 기업들이 메타버스에 참여하기 위한 작업을 시작했고 메타버스에서 입지를 유지하려고 노력하고 있다. 즉, 메타버스에 대한 기업과 국가의 투자가 계속되고 기술이 급속도로 발전되고 있다. 이처럼 메타버스가 우리의 삶 깊숙한 곳으로 자연스럽게 스며들어오고 있는 상황이고 즐거운 놀이 공간으로 간주되고 있다.

호이징거에 의하면 인간은 기본적으로 놀이를 즐기고, 놀이는 인간의 삶에서 핵심적인 것이며 삶의 목적으로 간주된다(박현주, 전종우, 2022). 이러한 심리는 MZ세대가 SNS를 통해서 자신이 무엇을 하고 놀고 있는지를 표현하는 것에서도 확인할 수 있다. 앞부분에서 살펴본 것과 같이 기업들은 이러한 MZ세대의 심리를 잘 이용하여 메타버스 플랫폼에서 개성있는 캐릭터 제작, 캐릭터의 액션 요소, 공간에서의 놀이 등 재미요소를 담은 스토리텔링을 통하여 소통을 확장하고 있다.

○2 문화예술 공간으로의 적용사례

고선영 외(2021)의 연구에서는 문화예술 분야에서 메타버스를 기반으로 한 콘텐츠 제작, 창작 제작과 유통이 활발해질 것으로 예상하며 예술 창·제작 수요 증가에 따른 생태계 구축의 추진을 기대한다고 하였다. 현재 메타버스에서 미술관과 박물관을 체험할 수 있는 공간들이 계속하여 생겨나고 있다. 메타버스 플랫폼 구현이 사람들에게 예술 문화에 대한 접근을 쉽고 친근하고 다가갈 수 있도록 구현하고 있다. 이는 교양 지식을 쌓을 수 있는 동기부여의 징검다리 역할로 이어진다.

메타버스를 활용한 미술관에서 체험을 할 때 가장 큰 장점으로는 관람객이 편안한 책상 앞에 앉아서 고화질로 관람이 가능하다는 것이다. 자동으로 전시관을 투어할 수 있는 오토 투어 기능은 클릭을 하지 않고도 가상 전시를 편하게 즐길 수 있다(이유진, 2021.07.12. 경향신문). 현재 메타버스 플랫폼 제페토(Zepeto) 내에 로스앤젤레스 카운티 미술관(LACMA)은 온라인 전시를 개설하고 아바타들이 인증 사진을 찍을 수 있게 꾸며 놓았다. 유저들이 미술관을 자유롭게 관람할 수 있도록 구현하였다(최은진, 이영숙, 2021). 김경숙 작가는 온라인에서 메타버스를 활용한 민화 전시를 중심으로 하여 가상 미술관으로 개장하기도 하였다.

최근 김환기의 작품을 전시한 '환기 미술관'(https://zrr.kr/NiAX)에서는 실제 미술관보다 더 감성적인 공간을 메타버스에 구현하였다. 사용자들은 미술관 정원에 자유롭게 입장하여 새소리가 나는 정원을 지나가고 정원에서 고양이의 움직임과 소리를 들으며 미술관 입구로 움직일 수 있다. 이러한 요소는 미술관에서 느낄 수 있는 소소한 재미를 가져다준다. 미술관에 입장하여 전시작품 앞에 서면 F키를 눌러서 작품을 확대하여 감상할 수 있고 작품을 그린 화가의 그 당시 상황과 작품에 대한 자세한 설명을 내레이션으로 들을 수 있다.

현재 이외에도 많은 미술관들이 메타버스를 활용해서 전시를 하고 있고 점점 더 확대되고 있는 실정이다. 클립토복셀(Cryptovoxels) 메타버스 공간은 휴스턴 현대미술관, 샌프란시스코 현대미술관 등이 전시되고 세계 곳곳의 아티스트들의 전시가 열리고 있다.

사카무라 켄 교수는 미래 4대 공간(물리공간-전자공간-유비쿼터스 공간)이 상호 융합해 진화한다고 주장하였는데, 현재 가장 많이 등장하고 있는 공간은 디지털 박물관 공간 유형이다(유동환, 2021. 09.21, MUSEUM NEWS). 최근 디지털 박물관에서는 언제든 체험을 할 수 있도록 공간을 열어두고 있다. 메타박물관에서는 박물관 자료가 존재했던 과거로의 시간여행 경험을 실현하고 있다. 현재 가상현실(VR)·증강현실(AR)기술 활용과 지능형 로봇기술의 활용에서 많은 사례를 찾을 수 있다. 세계 최대 규모의 가상재건을 통한 시간여행 콘텐츠 사례로는 1997년 미국, 이탈리아, 스위스, 러시아 등 다국적 연합연구팀이 발굴 정보에 대한 연구를 오랜 시간을 투자하여 3세기 약 10만 명이 사는 로마를 가상재현한 '로마 재탄생(Rome Reborn)' 프로젝트가 있다. 2020년에는 오큘러스 VR(Oculus VR) 기반의 개인화 VR 체험콘텐츠를 선보였다.

최근 국립경주박물관(https://zep.us/play/yBjOmz)은 메타버스에서 여유롭고 평온한 휴식을 즐길 수 있도록 꾸몄고, 역사를 보다 실감나게 배울 수 있는 장소를 마련하였다. 박물관에는 신라 역사관, 월지관 등으로 이루어져 있고, 설명을 듣고 싶은 문화재나 작품 앞에서면 F 키를 눌러서 녹음된 설명을 들을 수 있다. '세계로 열린 문화 경북'(https://zep.us/play/DEvo48)에서는 경북의 문화재뿐만 아니라 문화 공연 등 다양한 문화들을 살펴볼 수 있게 메타버스로 구현되어 있다.

③ 공연 콘텐츠 활용 사례

뮤지컬 '잃어버린 얼굴 1895'의 개관식이 메타버스 플랫폼인 이프랜드(ifland)에서 열렸다. 경북궁의 건청궁 내외부와 연회장, 사진관 등 작품 속 세계관을 3D로 구현하였다. 사람들은 아바타로 입장해 공간 뮤지컬 속 주요 노래인 '생일 축하해 척'에 맞춰 춤을 추는 공연도 펼쳐졌다(김호정, 2022.03.22. 중앙일보). 메타버스 공간내에서 최근의 공연들을 직접 아바타를 통해 무대를 가까이서 확대하여 볼 수 있고 무대 앞 뒤 좌우 공간을 이동하며 볼 수 있는 장점이 잘 활용되고 있다(정재웅, 2022). 또한 출연진과 관객 사이에 상호작용을 메타버스 공간에서 활발히 할 수 있다.

메타버스 게임기업인 나이언틱(Niantic)은 영국 연극극단 펀치 드렁크(Punchdrunk)와 파트너십을 체결하였는데 펄치드렁크 극단은 관객이 직접 연극에 참여해서 배우들과 상호작용하는 실감(Immersive) 연극으로 잘 알려져 있다(이승환, 2021). 이처럼 메타버스 공간의 상호작용성의 장점이 잘 활용되고 있는 사례로 볼 수 있다.

또한 메타버스 플랫폼에서 펼쳐지고 있는 유명 가수들의 콘서트는 많은 호응을 이끌어 내고 있다. 전설적인 래퍼라고 지칭받고 있는 스눕 독(Snoop Dogg)은 더 샌드박스(The sandbox)와 파트너십을 맺고 메타버스 안에서 공연을 펼쳐서 화제가 되었다. 메타버스 안에서는 힙하게 꾸며진 본인의 캐릭터로 공연에 직접 참여하고, 스눕 독을 비롯해 참여한 사람들과 직접 만나 이야기를 하며 상호작용할 수 있는 부분은 이벤트를 성공적으로 이끌었다. 메타버스의 공간은 처음 보는 사람들과도 거침없이 캐릭터 동작과 대화를 통해 쉽게 친해지고 상호작용할 수 있다. 특정한 이벤트에 모인 사람들 간에는 공감대를 높이 형성할 수 있는 장소로 주목받고 활용되고 있다.

　미국의 십대들에게 압도적으로 인기를 얻고 이는 포트나이트(Fortnite) 메타버스 플랫폼은 영화제를 열고 전 세계 유명가수들의 공연이 펼쳐지고 있는 곳이다. 방탄소년단(BTS)의 댄스버전 뮤직비디오가 최초로 공개된 곳이기도 하고 트래비스 스콧(Travis Scott)의 무대가 획기적으로 열린 곳이기도 하다. 드라마의 세트장도 메타버스 공간에서 구현되고 있다. 드라마 '기상청 사람들'(https://zep.us/play/DEYNOD)에서는 드라마 배경인 기상청의 외관과 내부를 디테일하게 재현하여서 흥미를 더해 주고 있다.

　최근에 넷플릭스 드라마 〈오징어 게임〉이 흥행하였다. 그러면서 이슈가 되는 콘텐츠들을 따라하는 '밈(Meme)' 문화가 유행을 타기 시작하였다. 〈오징어 게임〉을 좋아하는 사람들은 메타버스 플랫폼 로블록스(Roblox)에 접속하여 드라마 주인공 456번 '성기훈', 001번 '오일남'이 될 수 있다. 제페토에서는 〈오징어 게임〉에 등장하는 주요 인물들을 닮은 캐릭터 디자인과 모션을 선보였다(이동은, 2022).

　'더 샌드박스(The sandbox)'는 K−콘텐츠 전문 공간인 케이버스(K−verse, Korea Universe)에 IP비즈니스 회사 AIMC전용 테마 공간을 조성하고 '이상한 변호사 우영우'에 등장하는 하늘을 떠다니는 고래, 법정 한바다 로펌 사무실, 김밥집 등을 메타버스 공간에서 체험 및 게임으로 구현할 계획을 가지고 있다. 이는 시청자들에게 콘텐츠의 세계를 즐기는 즐거움을 선사할 것이라고 하였다. 이처럼 드라마 및 영화 콘텐츠가 메타버스 플랫폼에서 더욱 다채로운 모습으로 확장되어 가고 있다.

4 감성 놀이터의 소소한 생활이 담겨진 공간

메타버스 플랫폼 제페토를 통해 서울어린이대공원을 직접 가지 않고 집안에서 활용할 수가 있다. 놀이동산 곳곳에서 캐릭터 셀카를 찍을 수 있고, 수영장에서 직접 수영을 할 수도 있으며 식물과 나무들 사이에서 휴식을 취할 수도 있다.

또한 메타버스에서의 캠핑 문화를 통해서 고객들에게 홍보를 하고 있다. 유저들은 모닥불을 피우고 눈썰매를 타는 경험을 할 수 있고, 캠핑의 묘미인 모닥불을 멍하니 바라보는 '불멍'도 가능하다. 캠핑장에는 실제 모닥불 피우는 소리와 은은한 조명, 풀벌레 소리 등이 더해져서 실제 캠핑장에 있는 것 같은 느낌이 그대로 전달된다. 최근 베스킨라빈스에서는 메타버스 플랫폼 제페토에 '베라 스노우캠핑(BR Snow Camping, 이하 스노우캠핑)'을 론칭하였다. 이 공간 안에서 이용자들과 함께 모닥불을 피우기도 하고, 오로라의 별똥별이 떨어지는 눈내리는 설원을 만나며, 캠프파이어 주변에는 눈 위에 누워 팔다리를 휘젓거나 눈사람으로 변신하는 기능을 통해 재미를 선사하기도 한다

(임현지, 2022.08.25. 스포츠 한국).

필자는 브이스토리(V-Story)에서 학술 대회와 전공 학술 모임 공간으로서 참여시 학습 공간 이외의 장소를 활용하여 힐링을 경험하기도 하였다.

브이스토리에 있는 해변은 실제 바닷가의 모습을 그대로 구현해서 실제 같은 느낌을 받을 수 있다. 공간을 이동하면서 땅을 밟을 때마다 들리는 발소리와 스치는 바람 소리, 풀잎들이 흔들리는 소리, 새소리, 파도가 치는 소리, 비치볼을 던져서 놀 수 있는 자유로운 움직임의 공간이 게임과는 다른 재미의 요소를 가져다준다. 브이스토리 바닷가에서 형성된 모닥불을 캐릭터가 보고 있는 것만으로도 실제로 내가 바닷가에서 모닥불을 피워놓고 있는 것처럼 느껴지기 때문에 심리적인 안정감을 가져다주기까지 하고 있다.

5 교육에서의 접목 가능성

COVID-19 이후로 메타버스 플랫폼을 활용한 수업들과 놀이문화가 계속적으로 확대되고 있다. 최근 VR챗을 활용해서 사용자들이 직접 캐릭터, 배경 등을 만들어 편의점 상황극으로 연출한 메타버스 영상이 유튜브에서 916만회를 기록하며 이슈를 모았다. VR챗 상황극 콘테스트 등 다양한 놀이들이 MZ세대들 사이에서는 자발적으로, 활발히 진행되고 있다. 이처럼 메타버스 플랫폼 안에서는 누구나 자신이 원하는 캐릭터를 만들 수 있고, 설정하고 싶은 배경화면 제작 등을 손쉽게 작업할 수 있다. 그리고 상상속의 상황들을 실제로 자신의 아바타를 활용하여 직접 행동을 하는 요소가 장점으로 부각되고 있다. 교육에서는 메타버스 플랫폼을 활용했을 때의 재미와 흥미, 몰입, 자발적 참여 등의 효과를 활용해서 연극 수업, 뮤지컬 수업을 진행하고 미술관, 전시 탐방 등으로도 활용되고 있다. 이처럼 메타버스의 공간에서는 누구나 직접 창작하고, 경험할 수 있는 것이 가장 큰 장점이다(김상균, 2020). 이는 행동경험의 중요성에도 언급되고 있다. 에드거 데일(Edgar Dale)은 읽기는 10%, 듣는 것은 20%, 보는 것은 30%, 보고 들은 것은 50%, 말하고 필기를 한 경우는 70%, 직접 행동해 본 경우는 90%를 기억한다고 하였다. 미국의 메릴랜드 대학교 연구에서는 사람들이 가상현실 헤드셋을 이용해 정보를 제공받았을 때 2차원 정보를 제공받을 때보다 훨씬 더 기억력이 높은 것으로 나타났다(이승환, 2021). 이는 메타버스 플랫폼 안에서 몸의 전반적인 감각을 이용하는 행동 경험이 기억 능력을 향상시키고, 학습 능력이 향상되었다는 연구로 나타났다.

최근 메타버스 플랫폼에 대한 지원도 늘어나고 있는 실정이다. 정부가 메타버스 산업 진흥을 위해 2023년에는 총 2,233억 원을 지원하다고 발표 하였다(2023.02.17. 과학기술정보통신부). 문화체육관광부는 2023년 2월 7일부터 '메타버스 세종학당(http://ksif.zep.site)'을 정식적으로 운영을 시작하였다. 외국인 학습자들이 이곳에서 한국어로 자유롭게 소통하고 K – 컬처를 체험할 수 있게 구현하였다. 개발도상국 등 정보기술 기반이 상대적으로 취약한 국가에 거주하고 있는 학습자들도 서비스를 이용하는 데 어려움이 없도록 3D가 아닌 2D 그래픽 기반의 무료 플랫폼을 선정하였다(유효경, 2023.02.09.). 한국어 일상생활, 한국의 대표적 명소를 구현하였다. 참여자들의 활발한 소통을 위해서

방명록 기능을 설치하였다. 이곳에서는 제기차기, OX퀴즈, 퓨전 국악 등의 공연이 펼쳐졌다(2023.02.07. 문화체육관광부).

해외에서도 메타버스를 활용한 교육들이 활발히 진행되고 있다. 케이스웨스털리저브대학교(Case Western Reserve university) 예술대학 학생들은 다양한 무대연출을 메타버스 환경으로 구현하며 홀로렌즈를 착용하고 공연을 관람하는 것들이 시도되고 있다(이승환, 2022). 캐나다 몬트리올 세인트 힐레어 칼리지의 역사교사는 '디스커버리 퉁'모드의 게임 테마 콘텐츠를 활용해서 그리스 29개 지역에 있는 300개 이상의 명소를 구현한 플랫폼에서 학생들의 역사공부와 수학여행을 진행하였다(이승환, 2022). 이용자들은 마인크래프트, 제페토 등에서 직접적으로 건물을 짓기도 하고 자유롭게 맵을 구성할 수 있으며 각종 모임 등의 행사 공간으로 사용자들이 직접적으로 콘텐츠를 생산하고 공유하고 개성을 표현할 수 있는 것이 가장 큰 특징이다. 메타버스 플랫폼은 가상 세계 속에서 공간을 자유롭게 탐험하고 놀이와 이벤트 등에 자유롭게 참여할 수 있고, 높은 자유도, 높은 몰입도로 주체적으로 움직이고 소통할 수 있다. 또한 이러한 콘텐츠를 가지고 경제활동까지 할 수 있도록 범위가 확장되고 있다. 이동은(2022)은 웹 3.0인 시대는 온라인과 현실의 경계가 무너지고 실시간 인터랙션과 디지털 트윈이 가능한 세계라고 설명했다. 이런 세계에서 사람들은 직접 플레이어를 이끌어가는 주인공이 될 수 있고 크레이어터로서의 역할을 할 수 있으며 창작의 주체가 대중으로 확장되었다고 하였다.

따라서 현재 웹 3.0시대를 살아가고 있는 교수자들은 교육에서 메타버스 콘텐츠를 무궁무진하게 활용할 수 있는 특권을 가진 것이다. 메타버스 도구들을 활용해서 상상 속에만 있던 것들을 실재감 있게 구현해볼 수 있고, 기존의 제한된 틀에서 벗어나 다채롭고 흥미로운 수업들을 진행할 수 있는 것들이 열려져 있기 때문이다. 즉, 우리는 학습자들의 학습효과를 자연스럽게 높일 수 있는 도구 활용의 풍요로움시대를 누리는 축복받은 시대를 살아가고 있는 것이다.

찾아보기

참고문헌

고선영, 정한균, 김종인, 신용태 (2021). 문화 여가 중심의 메타버스 유형 및 발전 방향 연구. *정보처리학회논문지. 소프트웨어 및 데이터 공학, 10* (8), 331-338.

고양세계품새대회 2022 블로그 (2022.4.15). 메타버스 '이프랜드'에서 2022 고양 세계태권도품새선수권대회를 즐기세요! (태권도 도복과 모션 기능 추가!). https://blog.naver.com/wtpc_goyang2022/222701963023

교육부 (2019). 2019 초·중등 진로교육 현황조사 결과 발표. 교육부 보도 자료(2019.12.11).

교육부 (2021). 2020 초·중등 진로교육 현황조사 결과 발표. 교육부 보도 자료(2021.2.23).

교육부 (2022a). 2021 초·중등 진로교육 현황조사 결과 발표. 교육부 보도 자료(2022.1.18)

교육부 (2022b). 2022 초·중등 진로교육 현황조사 결과 발표. 교육부 보도 자료(2022.12.19)

국가평생교육진흥원 (2022). 2021 평생교육백서.

국어사전 (2022). 네이버 국어사전, 추출일 : 2022년 11월 4일, 출처 : https://ko.dict.naver.com/#/entry/koko/a498eab0199340e781ca1f12b151323e.

김나영 (2021.12.29). 메타버스로 만나는 '제주 설화와 자연의 길'. 뉴제주일보. http://www.jejuilbo.net/news/articleView.html?idxno=175449

김다정 (2022.1.4). 중랑, 메타버스 제페토에 망우리역사문화공원 구현. 인

터넷 환경일보. https://www.hkbs.co.kr/news/articleView.html?idxno
=661609

김상균 (2020). 메타버스. 서울: 플랜비디자인.

김주연 (2020). 3D MUVE(다중참여자형가상공간)를 활용한 연극교육. *교육연극학, 12*(2), 23-42.

김호정 (2022.3.22). "뮤지컬 주인공와 춤을" 신바람 나는 메타버스 공연. 중앙일보. https://www.joongang.co.kr/article/25057146#home

김희수 (2002). 웹기반 지구과학교육에서 가상현실 기술의 활용. *한국지구과학회지, 23*(7), 531-542.

모수경 (2021). 실시간 온라인 수업에서 EFL 대학생의 자기 조절에 대한 사회적 실재감과 교수 실재감의 영향. *영어학, 21*, 795-817.

문선희 (2023). V-story를 활용한 메타버스 기반 응급간호 교육프로그램. *위기관리논집, 19*(4), 79-89.

박현주, 전종우 (2022). 메타버스 공연 이용이 영향을 미치는 자기표현, 캐릭터 인게이지먼트, 메타버스 유희성의 역할. *한국방송학회 학술대회 논문집, 11*, 99-100.

블록미디어 (2022.7.25), blockmedia.co.kr/archives/240740

서희전 (2008). 증강현실기반 학습 환경에서 학습자의 현존감, 학습 몰입감, 사용성에 대한 태도, 학업성취도의 관계 연구. *교육정보미디어연구, 14*(3), 137-165.

소요환 (2016). 웹 3D와 가상현실 시뮬레이션 학습의 사용성 평가 비교분석. *한국콘텐츠학회논문지, 16*(10), 719-729.

송은아 (2022.11.14). 메타버스 서울, 타임지 2022년 '최고의 발명' 선정. 세계일보. https://www.segye.com/newsView/20221113510329?OutUrl=naver

송지성, 강송희 (2020). 어포던스 이론에 따른 체험기반 모바일 실감콘텐츠 UX디자인 연구. *브랜드디자인학연구, 18*(3), 278-288.

안민권 (2022). 간호학생을 위한 메타버스기반 활력징후측정과 피하주사 핵심간호술 콘텐츠 개발 및 효과 검증. *한국간호교육학회지, 28*(4), 378-388.

유동환 (2021.9.21). 메타버스(Meta-verse)로 메타박물관(Meta-Museum)을 꿈꾸다! ②. MUSEUM NEWS. https://museumnews.kr/293column01/

윤동주, 정현철 (2021). 증강현실을 활용한 체외막산화장치 준비교육이 임상간호사의 수행능력, 수행자신감 및 교육만족도에 미치는 효과. *한국간호시뮬레이션학회지, 9*(2), 61-71.

이동은 (2022). 메타버스에선 무슨 일이 일어날까? 서울: 이지북.

이설희, 박은혜, 이영선 (2022). 성인기 장애인을 위한 메타버스 기반 직업준비 교육 프로그램의 적용. *장애와 고용*, 32(4), 123-153.

이수영 (2020). 학습 공간 평가 모형의 이론적 탐색과 적용사례 고찰. *한국초등교육, 31*(1), 57-73.

이승환 (2021). 메타버스 시대의 도래와 문화관광의 미래. *한국관광정책*, 84, 68-71.

이승환, 한상열 (2021). 메타버스 비긴스(BEGINS): 5대 이슈와 전망.

이애화, 박원균, 박혜진 (2022). 메타버스 기반 의료인문학 수업 운영 경험과 적용 가능성 탐색. 인문사회21, 13(1), 1129-1140.

이요훈 (2021). 메타버스를 만드는 기술, 확장현실(eXtended Reality). Samsung Display Newsroom. 추출일 : 2022년 11월 4일, 출처 : https://news.samsungdisplay.com/29173.

이유진 (2021.7.12). 메타버스로 만나는 민화 전시회…김경숙 작가 '소원展'. 경향신문. https://m.khan.co.kr/life/life-general/article/202107121759001#c2b

이준 (2023). 메타버스 홈트레이닝을 위한 실시간 자세추정 및 아바타 동작 애니메이션 생성 시스템. *한국게임학회논문지, 23*(1), 25-34.

이효진, 이진명 (2022.9.15). 메타버스를 활용하면 공부를 더 잘 할 수 있

다!, 스쿨잼. https://blog.naver.com/naverschool/222875301520

임태형, 류지헌, 정유선 (2022). 메타버스 학습환경에 사회적 상호작용 여부와 수업 유형이 실재감과 흥미 발달에 미치는 효과. *한국교육학연구, 28*(1), 167-189.

임태형, 양은별, 김국현, 류지헌 (2021). 메타버스를 활용한 고등학생 진로체험 프로그램 사용자 경험 분석. *학습자중심교과교육연구, 21*(15), 679-695.

임현지 (2022.8.25). 메타버스서 '불멍'... 배스킨라빈스 제페토 '스노우캠핑' 가보니. 스포츠한국.

장효진 (2022). 가상현실 교육콘텐츠 설계 프레임워크 개발. 한양대학교 일반대학원 박사학위논문.

정광희, 김성미, 김신애, 손찬희, 이쌍철, 이은철, 조덕주 (2017). 2015 개정 교육과정 적용 방송중·고 디지털 학습 콘텐츠 설계 방안 연구. 한국교육개발원.

정재웅 (2022). 메타버스 설교의 설교학적 평가 : 매체 특성과 현대설교학의 논의를 중심으로. *신학과 실천, 81*, 173-208.

정지연, 정혜선 (2020). 몰입형 가상현실 영어 회화 학습이 언어불안감과 학습 성취도에 미치는 영향. *한국콘텐츠학회논문지, 21*(1), 321-332.

정지영 (2021.9.2). 나만의 아바타로 가상공간 속 '서울어린이대공원' 즐겨요!. 내 손안에 서울(서울시 대표 소통 포털). https://mediahub.seoul.go.kr/archives/2002614

조은원, 김부경, 배상훈 (2020). 대학생의 휴학 중 경험에 대한 사례연구. *아시아교육연구, 21*(1), 125-154.

조현기 (2022). 지리교육에서 메타버스의 교육적 의의와 활용. *한국지리학회지, 11*(1), 49-65.

최동녘 (2023.3.27). 블록미디어, blockmedia.co.kr/archives/305716

최은진, 이영숙 (2021). 메타버스 플랫폼을 활용한 민화 미술관 기획 연구

－제페토 사례를 중심으로－. *한국게임학회 논문지, 21*(6), 63－74.

최지은, 조용선 (2021). 진로관련 자기주도성 연구동향 분석. *학습자중심교과교육연구, 21*(16), 509－524.

한국교육학술정보원 (2019). 교육용 실감형콘텐츠 제작 가이드라인. 교육부.

한태우 (2021). 가상현실의 경험과 미래 교실에 대한 연구. *The Treatise on The Plastic Media, 24*(4), 29－35.

허지운 (2022). 메타버스 플랫폼의 교육적 활용: 통역 스터디를 중심으로. *번역학 연구, 23*(1), 225－257.

Brooks, D. C., & McCormack, M. (2020). Driving Digital Transformation in Higher Education, EDUCAUSE.

Brooks, F. P. (1999). What's real about virtual reality?. *IEEE Computer Graphics and Applications, Vol.16*(6), pp.16－27.

Davis, A., Murphy, J., Owens, D., Khazanchi, D., & Zigurs, I. (2009). A vatars, people, and virtual worlds: Foundations for research in meta verses. *Journal of the Association for Information Systems, 10*(2), 1.

Eckert, D. & Mower, A. (2020). The Effectiveness of Virtual Reality Soft Skills Training in the Enterprise: A Study. PricewaterhouseCoopers. www.pwc.com/us/vlearning.

Fauville, G., Luo, M., Queiroz, A. C. M., Bailenson, J. N., & Hancock, J. (2021). Zoom Exhaustion & Fatigue Scale. *Computers in Human Behavior Reports, 4*, 100119. doi:https://doi.org/10.1016/j.chbr.2021.1 00119

Griol, D., Sanchis, A., Molina, J. M., & Callejas, Z. (2019). Developing enhanced conversational agents for social virtual worlds. *Neurocom－puting, 354*, 27－40.

James, J. (2001). Low－cost computing and related ways of overcoming the global digital divide. *Journal of Information Science, 27*(6), 385-3

92.

Javier. P. (2022). From Extended Reality to The Metaverse: A Critical Reflection on Contributions to Education a Critical Reflection. *Ediciones Universidad de Salamanca, 34*(2), 1－19.

Krumboltz, J. D., Mitchell, A. M., & Jones, G. B. (1976). A social learning theory of career selection. *The Counseling Psychologist, 6*(1), 71－81.

Lee, L. H., Braud, T., Zhou, P., Wang, L., Xu, D., Lin, Z., Kumar, A., Bermejo, C., & Hui, P. (2021). All one needs to know about metaverse: A complete survey on technological singularity, virtual ecosystem, and research agenda. arXiv preprint arXiv:2110.05352.

Lent, R. W., Brown, S. D., & Hackett, G. (2002). Social cognitive career theory. *Career Choice and Development, 4*(1), 255－311.

LG Display Newsroom. (2021.10.27). LG 디스플레이의 특별한 힐링 프로 그램, 메타버스로 만난다.

Likens, S., & Ecker, D. (2020). A new study finds that VR－led soft－ skills training can be engaging, fast, and cost－effective. Public Report Retrived from https://www.pwc.com/us/en/tech－effect/emerging－ tech/virtual－reality－study.html

Mayer. R. E., & Estrella, G. (2014). Benefits of Emotional Design in Mult imedia Instruction. *Learning and Instruction, 33*, 12－18.

Moreno, R., Mayer, R. E., Spires, H. A., & Lester, J. C. (2001). The Case for Social Agency in Computer－Based Teaching: Do Students Learn More Deeply When They Interact With Animated Pedagogical Agents? *Cognition and instruction, 19*(2), 177－213. doi:10.1207/S1532690XCI1 902_02

Nadler, R. (2020). Understanding "Zoom fatigue": Theorizing spatial dynamics as third skins in computer－mediated communication. Com puters and Composition, 58, 102613. doi:https://doi.org/10.1016/j.com pcom.2020.102613

Ngien, A., & Hogan, B. (2023). The relationship between Zoom use with the camera on and Zoom fatigue: considering self−monitoring and social interaction anxiety. Information, *Communication & Society, 26* (10), 2052−2070.

OECD (2019). An OECD Learning Framework 2030. In Bast, G., Carayanni s, E. G., Campvell, D. F. J. (Eds.). The Future of Education and Labo r. Arts, Research, Innovation and Society. Springer, Cham.

Padilha, J. M., Machado, P. P., Ribeiro, A. L., & Ramos, J. L. (2018). Clinical virtual simulation in nursing education. *Clinical Simulation in Nursing, 15*, 13−18.

Reisoğlu, Topu, Yılmaz, Yılmaz, & Göktaş (2017). 3D virtual learning environments in education: a meta−review. *Asia Pacific Education Review, 18*, 81−100.

Scanlarn, T. K., Carpenter, P. J., Schmidt, G. W., Simons, T. P., & keeler, B. (1993). An Introduction to the Sport Commitment Model. *Journal of Sport & Exercise Psychology, 15*(1), 1−15.

Schroer, M. (2006). Räume, Orte, Grenzen: Auf dem Weg zu einer Soz iologie des Raums.

Smart, J., Cascio, J., Paffendorf, J., Bridges, C., Hummel, J., Hursthouse, PWC(2022). J., & Moss, R. (2007). A cross−industry public foresight project. In *Proc. Metaverse Roadmap Pathways 3DWeb* (pp. 1−28). Academic Press.

Sparkes, M. (2021). What is a metaverse. New Scientist, 251(3348), 18. doi:https://doi.org/10.1016/S0262−4079(21)01450−0

Tilak, S., Glassman, M., Kuznetcova, I., Peri, J., Wang, Q., Wen, Z., &

Walling, A. (2020). Multi−user virtual environments (MUVEs) as alternative lifeworlds: Transformative learning in cyberspace. *Journal of Transformative Education, 18*(4), 310−337.

Verkuyl, M., & Hughes, M. (2019). Virtual gaming simulation in nursing education: A mixed−methods study. *Clinical Simulation in Nursing, 29*, 9−14.

Yoon, H. S. (2023). Analyzing the Presence, Learning Engagement, and Learning Experience of Pre−service Early Childhood Teachers in Metaverse Platform Classes. *Journal of the Korea Entertainment I ndustry Association, 17*(5), 77−90.

Ziker, C., Truman, B., & Dodds, H. (2021). Cross reality (XR): Challenges and opportunities across the spectrum. In J. Ryoo, & K. Winkelmann (Eds.). Innovative Learning Environments in STEM Higher Education: Opportunities, Challenges, and Looking Forward. (pp. 55−78). Cham, Switzerland: SpringerBriefs in Statistics.

저자소개

류지헌

고려대학교 교육학과에서 석사학위를 받았다. 미국 플로리다주립대학교(Florida State University)에서 교육공학으로 박사학위를 취득하였다. 현재 전남대학교 교육학과 교육공학 전공 교수로 재직 중이다. 주요 연구분야는 가상학습 공간의 설계, 아바타와의 정서적 상호작용, 인지부하의 측정 및 확장현실의 설계이다. 현재 전남대학교 교육문제연구소장, 실감학습융합연구센터장, 호남제주권 교육기부 거점센터장을 맡고 있다.

김민정

한양대학교 교육공학과에서 석사학위를 받았다. 미국 플로리다주립대학교(Florida State University)에서 교육공학 전공으로 박사학위를 취득하였다. 현재 단국대학교 교직교육과 교수로 재직 중이다. 주요 연구분야는 동료학습, 교육에서의 테크놀로지 활용, 혁신교육, 교수자 교육 등이다. 단국대학교 교수학습개발원 부원장을 역임했으며, K-MOOC 및 온라인 교육프로그램의 개발 및 평가를 수행하고 있다.

이은철

중앙대학교에서 석사학위를 받았다. 단국대학교에서 교육공학전공으로 박사학위를 취득하였다. 현재 백석대학교 사범학부 유아교육과 교수로 재직 중이다. 주요 연구분야는 온라인 학습환경에서의 상호작용, 인공지능 교육 등이다. 한국교육개발원 디지털 교육연구센터에서 부연구위원으로 재직하였으며, 온라인을 통한 창의적체험활동 프로그램 및 고등학교 인성교육 프로그램을 개발하였다.

임태형

전남대학교 교육학과에서 석사학위를 받았다. 미국 플로리다주립대학교(Florida State University)에서 교육공학전공으로 박사학위를 취득하였다. 현재 전남대학교 교육문제연구소 학술연구교수로 재직 중이다. 주요 연구분야는 메타버스 수업설계, AI융합교육 등이다. AI와 메타버스를 활용한 다양한 교수자 및 학생 대상 교육프로그램의 설계 및 개발에 참여하고 있다.

차성현

서울대학교 교육학과에서 석사학위를 받았다. 미국 플로리다주립대학교(Florida State University)에서 교육정책 전공으로 박사학위를 취득하였다. 현재 전남대학교 교육학과 교수로 재직 중이다. 주요 연구분야는 교육정책평가, 교육행정조직, 교육재정, 미래교육 등이다. 전남대학교 교육혁신본부장을 역임했으며, 지역혁신과 고등교육정책을 위한 다양한 교육프로그램에 참여하고 있다.

이지혜

고려대학교 교육학과에서 교육심리·상담 및 특수교육학 전공으로 석박사통합과정으로 박사학위를 받았다. 건양대학교 심리상담치료학과 교수로 있었으며, 현재 전남대학교 교육학과 진로상담전공 교수로 재직 중이다. 주요 연구분야는 진로상담, 심리적 적응, 학교상담이다. 주로 청소년의 진로교육 및 역량강화와 관련된 연구에 참여하고 있으며, 성인 진로개발에 대한 연구과제를 수행하고 있다.

오종현

전남대학교 사학과에서 석사학위를 받았다. 베를린자유대학 방문학생을 거쳐, 전남대학교에서 서양사 전공으로 박사학위를 취득하였다. 현재 전남대학교 교육문제연구소 학술연구교수로 재직 중이다. 주요 연구분야는 종교사, 매체사, 디지털역사학 등이다. 호남사학회 정보이사를 맡고 있으며, 디지털 기술기반 인문콘텐츠 개발 및 다양한 교수자 및 학생 대상 교육프로그램 개발에 참여하고 있다.

김수연

단국대학교에서 음악학 석사학위 및 교육학 석사학위를 받았다. 단국대학교에서 교육공학전공으로 교육학 박사학위를 취득하였다. 단국대학교 미래교육혁신원 EduAI센터 연구원을 역임했다. 현재 중앙대학교 교양대학 다빈치미래교양연구소 연구전담교수(학술연구교수)로 재직하고 있다. 주요 연구분야는 메타버스, 디지털스토리텔링, 협력학습, 동료 평가, 디자인씽킹, 디지털 융합교육 등이다.

디지털 시대의 메타버스와 교육

초판발행	2023년 8월 20일
지은이	류지헌·김민정·이은철·임태형·차성현·이지혜·오종현·김수현
펴낸이	노 현
편 집	전채린
기획/마케팅	조정빈
표지디자인	이영경
제 작	고철민·조영환
펴낸곳	㈜ 피와이메이트
	서울특별시 금천구 가산디지털2로 53, 210호(가산동, 한라시그마밸리)
	등록 2014. 2. 12. 제2018-000080호
전 화	02)733-6771
f a x	02)736-4818
e-mail	pys@pybook.co.kr
homepage	www.pybook.co.kr
ISBN	979-11-6519-409-3 93370

정 가   12,000원

이 논문 또는 저서는 2018년 대한민국 교육부와 한국연구재단의 지원을 받아 수행된 연구임(NRF-2018S1A5B8070203)

박영스토리는 박영사와 함께하는 브랜드입니다.